FACUNDO CURBELO

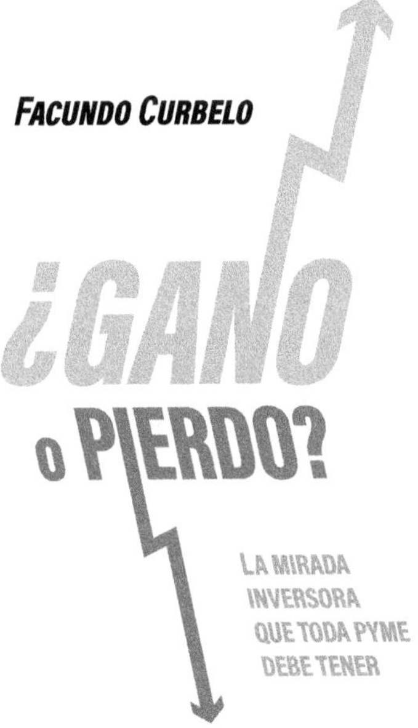

¿GANO o PIERDO?

LA MIRADA
INVERSORA
QUE TODA PYME
DEBE TENER

Diseño de tapa:
JUAN PABLO OLIVIERI

FACUNDO CURBELO

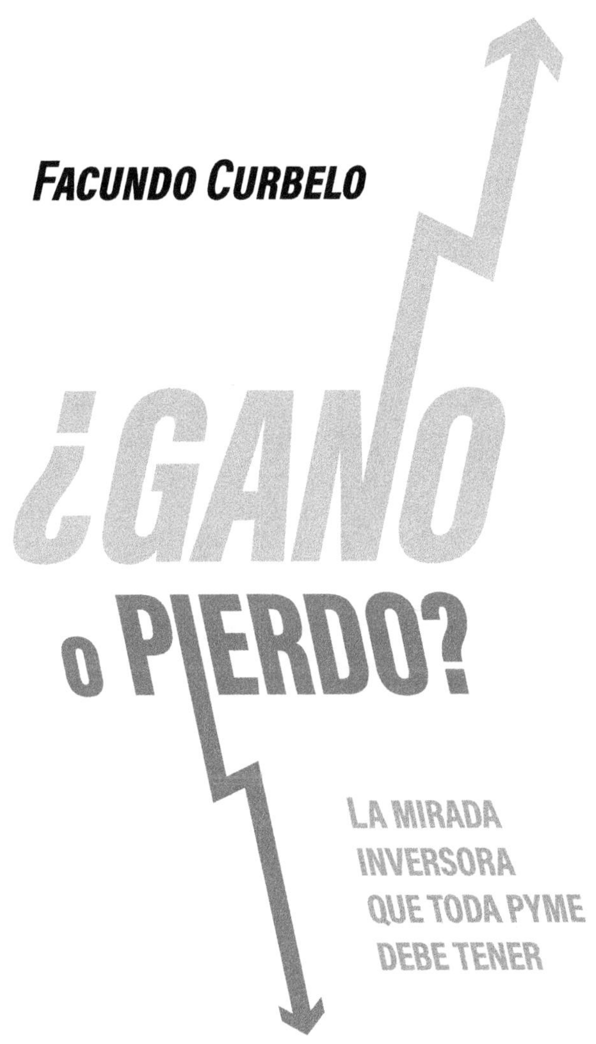

GRANICA

ARGENTINA - ESPAÑA - MÉXICO - CHILE - URUGUAY

ARGENTINA
Ediciones Granica S.A.
Lavalle 1634 3º G / C1048AAN Buenos Aires, Argentina
granica.ar@granicaeditor.com
atencionaempresas@granicaeditor.com
Tel.: +54 (11) 4374-1456 ☉ 1158549690

MÉXICO
Ediciones Granica México S.A. de C.V.
Calle Industria N° 82 - Colonia Nextengo - Delegación Azcapotzalco
Ciudad de México - C.P. 02070 México
granica.mx@granicaeditor.com
Tel.: +52 (55) 5360-1010 ☉ 5537315932

URUGUAY
granica.uy@granicaeditor.com
Tel: +59 (82) 413-6195 FAX: +59 (82) 413-3042

CHILE
granica.cl@granicaeditor.com
Tel.: +56 2 8107455

ESPAÑA
granica.es@granicaeditor.com
Tel.: +34 (93) 635 4120

www.granicaeditor.com

ISBN 978-987-8358-08-6

Hecho el depósito que marca la ley 11.723

Impreso en Argentina. *Printed in Argentina*

Curbelo, Facundo
   ¿Gano o pierdo? : la mirada inversora que toda pyme debe tener / Facundo Curbelo. - 1a ed. - Ciudad Autónoma de Buenos Aires : Granica, 2020.
   176 p. ; 22 x 15 cm.

   ISBN 978-987-8358-08-6

   1. Finanzas. I. Título.
   CDD 336

*A Dios por todo; a mi esposa Luci por su apoyo;
a José Martinengo por la revisión y consejos;
a Emi Muriel por la foto, y a mis amigos, familiares,
profesores, alumnos y escritores de quienes
aprendo cada día.*

ÍNDICE

INTRODUCCIÓN

Sabemos que el conocimiento es dinero: cuanta más información tenemos, más negocios podemos hacer con ella. Sin embargo, a la hora de gestionar nuestras empresas parecería que la información no siempre es la prioridad. ¿Cuánto dinero gané el año pasado?, ¿cuáles fueron los mejores meses del año?, ¿cuánto dinero gané este mes con respecto al mes pasado?, ¿cuáles fueron mis clientes más rentables?, ¿cómo estimo que serán las ganancias de este año?, ¿qué significa para mí ganar o perder dinero? En ocasiones estas preguntas no tienen respuestas y, en otras, las respuestas no tienen fundamentos numéricos, sino más bien se basan en sensaciones o emociones. En medicina, un buen diagnóstico es fundamental para atacar las causas de la enfermedad, y no simplemente eliminar los síntomas. Responder a estas sencillas preguntas nos pondrá en el camino correcto hacia el lugar donde queremos ir.

La administración económica y financiera de una pyme es, al parecer, un tema complejo y muy comúnmente dejado de lado por empresarios y emprendedores. La tendencia a hablar de números, ratios, índices e indicadores que se conjugan con siglas en inglés como *EBIT, ROA, ROI, PER, EPS, TDS, DSCR,* etc., parece albergar la idea de que el universo financiero está vedado a todos, con excepción de un puñado de personas que dedicaron sus vidas a estudiar los "números de las empresas y su particular lenguaje". Tal vez la distancia entre ese universo y el de los emprendedores y propietarios (no-financieros) sea mucho más corta de lo que parece.

No es necesaria una carrera de grado ni especializaciones en finanzas para comprender y controlar las variables fundamentales que observan los inversores a la hora de evaluar y valuar una empresa; solo es preciso saber dónde enfocar la mirada para tomar decisiones que agreguen valor al negocio. De la misma manera, un propietario debería observar su propia empresa con una mirada inversora. Los libros y manuales de finanzas corporativas desbordan de información, que mucho ayudan al ambiente académico para no a quienes necesitan datos concretos para poner a funcionar un negocio y alcanzar sus objetivos. Saber leer un indicador para tomar una decisión importante tiene mucho más valor que trabajar a ciegas en la cotidianeidad. Pero para llegar a ese punto se requiere manejar determinados conceptos y prácticas que son comunes a todas las empresas, sin importar tamaños, mercados, industrias ni culturas organizacionales.

¿Debería dedicarme a estudiar finanzas antes de emprender un proyecto? Sabemos que debemos dedicar el tiempo a aquello en lo que somos buenos, capaces y nos apasiona, y delegar el resto. Las empresas prosperan cuando se enfocan en potenciar aquellas actividades en las que tienen una ventaja competitiva, y mientras más inalcanzable sea esa ventaja, más seguro será su futuro. A nivel personal sucede lo mismo, debemos enfocarnos en potenciar nuestras habilidades y tercerizar el resto. Dedicarnos a nuestra área de *expertise* es el camino para crear ventajas competitivas. Sin embargo, monitorear nuestras inversiones en nuestros negocios no debería ser una tarea delegable, y requiere algo de esfuerzo para comprender el comportamiento de determinadas variables que tienen los mayores efectos en nuestros resultados. Elegir y controlar nuestras inversiones solo depende de nosotros. La intención fundamental que subyace en este libro es que el lector desarrolle la capacidad de poner el foco –de acercar la luz– sobre los elementos que lo ayudarán a tomar las decisiones correctas y lo llevarán a administrar su riqueza con sabiduría.

Mi negocio, una inversión

Cuando creamos un negocio, lo hacemos bajo un concepto tácito subconsciente: invertimos el capital hoy para que se incremente con el paso del tiempo; es decir, buscamos maximizar el capital que invertimos. En lo personal, antes de decidir colocar mi dinero en un depósito a plazo fijo en algún banco voy a asegurarme de que la tasa de interés que me pagará cubra mis expectativas (es decir, remunerar por encima de la inflación y obtener una rentabilidad mínima por el riesgo de inmovilizar el dinero). De la misma manera, invertir en una empresa o ponerla en funcionamiento es una inversión, y antes de comenzar a desembolsar dinero necesito saber cuándo, cómo y cuánto quiero que me rinda esa inversión acorde con el riesgo a asumir.

Mi empresa genera un flujo de fondos netos (diferencia entre los ingresos y los egresos de efectivo) cuya variación con los años incrementará o disminuirá el valor de mi patrimonio inicial, mi inversión. Por tanto, invertir capital implica estimar los flujos de fondos futuros que me devolverá esa inversión y, además, me generarán riqueza. Esto requiere enfocarnos en el factor tiempo de la ecuación: ¿de qué manera puedo saber cómo serán esos flujos de fondos en cinco, diez o veinte años? Ardua y riesgosa tarea. Las condiciones fluctuantes de la industria, la sociedad, la macro y la microeconomía, las leyes, los gobiernos, los acuerdos internacionales, las crisis económicas, las tasas de interés, los gustos y hábitos de consumo, los patrones culturales, las modas, los medios de comunicación, las relaciones humanas, el lenguaje, etc., hacen que los negocios coexistan dentro de un contexto de incertidumbre y cambio constantes. Estimar ingresos futuros se torna una tarea realmente compleja.

Por este motivo, las empresas necesitan tener una orientación, generar objetivos así como las estrategias para alcanzarlos, adaptándose y, en el mejor de los casos, anticipándose a los cambios para seguir compitiendo en sus mercados. Estas estrategias son necesarias para obtener un compromiso en todos los niveles de la empresa, de todos los colaboradores. Lo importante es recordar que los negocios son principalmente financieros y que debemos saber si nuestro negocio resulta rentable o no con el paso del tiempo.

Un negocio rentable implica evaluar su flujo de dinero para determinar si agrega o no agrega valor al capital. ¿De qué manera? Necesito conocer los márgenes de ganancia; el retorno financiero; el flujo de fondos pasado; la política de gestión del dinero; el capital de trabajo y el ciclo de conversión del efectivo; la modernización de las maquinarias y equipos; la necesidad de innovar; el efecto que tiene la deuda y las relaciones con prestamistas; la participación del mercado y el potencial de desarrollo, entre muchas cosas más, de manera que esta información me permita pronosticar lo mejor posible esos flujos de cara al futuro. En principio puede parecer mucho, pero cuando podemos estimar con mayor o menor certeza la generación de beneficios futuros obtenemos una idea de cuánto vale nuestro negocio hoy. Esto quiere decir que un negocio vale por su capacidad de generar riquezas en el futuro y no por su historial de resultados ni por el total de bienes que posea (en este último caso, solo tiene valor ante una liquidación o venta de esos bienes). Cabe aclarar que el historial de una empresa sirve para predecir sus resultados futuros, pero no determina su valor.

Aprender a observar, controlar y enfocar estrategias sobre estos factores para crear una empresa sólida que permita pronosticar su performance futura es el propósito de todo empresario que ha desarrollado su mentalidad como inversor. En suma, buscará emprender y gerenciar un negocio pensando en cómo crear mayor valor en el patrimonio con el paso del tiempo.

Cuando emprendemos o administramos un negocio, resulta fácil olvidarnos que el objetivo final y principal es crear riqueza, y dejamos de lado la idea de pensar como propietarios. Al desarrollar un pensamiento inversor en los negocios, le reclamamos resultados a lo que hacemos. Muchos emprendedores comienzan dedicándose a actividades que los apasionan y que conocen en detalle, lo cual está muy bien. Sin embargo, muy pocos terminan desarrollando una mente inversora que piense en términos de negocios, asignando, creando y reinvirtiendo el capital. ¿Realmente estoy ganando dinero? ¿Estoy creando valor con lo que hago?

Un inversor piensa en el retorno que obtendrá en función del riesgo que está asumiendo. Por tanto, lo primero que mirará es el riesgo del lugar donde coloca su dinero. ¿Cuán riesgoso es nuestro negocio? Aunque en términos financieros el riesgo se mide como la volatilidad alrededor de la media esperada del rendimiento de un activo (medido a través del desvío estándar), hay formas prácticas de lograr que nuestro negocio sea predecible en el tiempo y que alcance los resultados deseados.

Externalidades positivas de las empresas

¿Por qué se crean los negocios? Decimos que el objetivo final que lleva a cualquier persona a emprender un negocio, arriesgar su capital y su tiempo es aumentar su riqueza personal (obtener ganancias). Este impulso por mejorar su situación y la necesidad de autorrealización son muy positivos, y generan externalidades positivas también. La actividad de transformación de materias primas en bienes y servicios concibe diferentes formas de valor para cada uno de los factores de producción que intervienen. Durante el proceso, las empresas generan valor para cada uno de los cuatro factores económicos:

- Empleados: distribuido cuando la empresa paga los sueldos y las cargas sociales, aportando y contribuyendo al Estado. Por lo general, en las pymes industriales este es el mayor valor que se genera y afecta principalmente a la sociedad donde se encuentra la empresa emplazada.

- Acreedores del capital: distribuido a los prestamistas financieros al pagar los intereses por el uso del capital (dinero).
- Propietarios / empresa: distribuido en dividendos o en reinversión de los resultados generados por la actividad. Por lo general, en las pymes industriales este suele ser el factor económico menos recompensado.
- Estado: distribuido a través del pago del impuesto a las ganancias obtenidas y otros impuestos. El Estado lo reinvierte en infraestructura y servicios públicos, necesarios para sostener la actividad económica. Salvo en situaciones de quebranto, el Estado se asegura un porcentaje estable de participación en los negocios de las empresas.

La teoría del valor agregado (el valor generado por cada factor económico) muestra el impacto que forja la actividad comercial de las empresas en la sociedad, y la necesidad de que estas actividades se sostengan en el tiempo (sustentabilidad). El Estado no crea empleo que genere ingresos genuinos, por tanto, su misión es asegurar las condiciones necesarias para que las ideas del sector privado se transformen en proyectos y en empresas, y que las empresas creen empleo.

El emprendedor o propietario con un pensamiento inversor tiene en cuenta el impacto que genera su actividad en el entorno y el efecto en los resultados financieros. Cuando no se respeta equitativamente esta distribución del valor entre los diferentes factores, el negocio corre riesgo de no perdurar en el tiempo.

Estrategias y resultados

Decimos y repetimos que la finalidad de todo inversionista es maximizar su riqueza. Si bien es correcto, esta afirmación no deja en claro de qué manera, en qué valor, en qué plazo de tiempo y con cuáles recursos. Se necesitan objetivos claros para conseguir resultados claros.

Las personas precisan orientarse hacia resultados y esforzarse por conseguirlos, de esta manera alcanzarán el éxito, que no es más que el cumplimiento de esos objetivos. Como las empresas son personas, comparten esa misma necesidad. Aun en contextos de gran incertidumbre debemos tener bien en claro quiénes somos y hacia dónde queremos ir con nuestros negocios.

Para saber si ganamos o perdemos dinero debemos establecer respecto a qué, cuáles son los resultados que queremos alcanzar, lo cual requiere identificar nuestros objetivos. Sin embargo, previo a ello, debemos definir bien algunas cosas. Las empresas comienzan por identificar tres conceptos fundamentales que, por trillados, no dejan de ser ciertos: misión, visión y valores.

Primero la misión. La misión de la empresa es su razón de ser, define qué hace y para quién, qué problema resuelve o qué deseo de la sociedad satisface. La misión debe declararse e informarse a todos los miembros del equipo / empresa. Puede ser un enunciado muy sencillo, como decir: "Fabricación y venta de sillas y mesas de oficina". Aunque sencillo, ayuda a que todo el equipo de colaboradores sepa dónde enfocar sus esfuerzos, y que la inversión de tiempo y dinero no debería estar puesta en algo que no sea la misión, como importar sillas de jardín, siguiendo con el mismo ejemplo.

Lo segundo es la visión. La visión es declarar dónde

queremos estar en el futuro, aunque no precisemos fecha. Pueden ser nuevos mercados, lugares, posicionamiento en la mente del consumidor, niveles de calidad, etc. También debe declararse por escrito e informársela a todos, clientes internos y externos. Por ejemplo: "Ser líderes en el mercado nacional de muebles para oficina".

Luego, establecemos los valores con los que trabajaremos. Tal vez más importante que los dos puntos anteriores. ¿Por qué? Una empresa puede conducirse sin un norte ("en todo caso peligrará su sustentabilidad") pero nunca sin valores. Nadie quiere trabajar con alguien que miente o engaña, tanto a nivel personas como empresas. Suele decirse que cuando las cosas se hacen bien, salen bien. No es opcional. Una empresa que evade impuestos, liquida sueldos de menos a su personal o miente sobre sus productos está condenada al fracaso. Las empresas deben declarar y practicar la integridad, la honestidad, el respeto, el trato equitativo, la amistad, el esfuerzo y dedicación, el trabajo en equipo y la excelencia, entre muchos otros valores. Hay mercados (consumidores) que solo se enfocan en las buenas prácticas de las empresas, y no comprarían un producto a una fábrica que contamine el medio ambiente o que tenga trabajo esclavo. La práctica de los valores debe ser una filosofía de vida, sostenida por los propietarios y observada por los empleados. La conducta de los fundadores y propietarios es la cultura organizacional de la empresa o, como dicen los japoneses, su personalidad. Warren Buffet, famoso inversor y popular por su filosofía de adquirir empresas bajo el concepto del precio valor (*value investing*), hablando sobre el *management* de sus negocios a la hora de comprar empresas comentó una vez: "Deben buscarse tres cualidades: integridad, inteligencia y energía. Si usted no tiene la primera, las otras dos lo matarán".

Una vez que sabemos dónde estamos parados y qué queremos (misión, visión, valores), podemos formular e implementar la estrategia. Para esto, debemos definir objetivos claros, medibles y alcanzables, y los recursos necesarios y el plan de acción para lograr esos objetivos. Todo esto y mucho más componen los niveles de estrategia (táctica, operativa y general). Aunque no es el propósito de este libro, podemos hacer algunas definiciones y aclaraciones fundamentales. Será decisión del lector indagar más al respecto si lo encuentra necesario.

Existen dos tipos de estrategias para las empresas: la de diferenciación y la de bajos costos. Todo el conjunto de actividades que realiza una empresa para alcanzar sus objetivos se basa en estos dos caminos. Por un lado, podemos enfocar todos nuestros recursos en obtener productos o servicios que se diferencien de la competencia (en calidad, logística, servicio, diseño, etc.); este es el objeto de la estrategia de diferenciación. Por el contrario, podemos enfocarnos en producir mayor cantidad para reducir costos operativos y lograr economía de escala; esta es la premisa de la estrategia de bajos costos. Cada estrategia tiene sus pros y sus contras, por tanto, debemos identificar correctamente qué clase de negocio tenemos y dónde podemos competir con nuestras ventajas. La estrategia reforzará nuestra ventaja competitiva, tema que veremos más adelante.

Una vez que sepamos, en líneas generales, hacia dónde queremos ir con nuestro negocio, comenzaremos a bajar los objetivos a un plano práctico y real. Los objetivos definen de manera clara y precisa qué resultados queremos alcanzar durante un período de tiempo determinado. Ellos pueden establecerse por área de trabajo, por unidad de negocio o para toda la empresa. Si mi objetivo como administrador es aumentar las ventas un 15% el próximo año, voy a destinar los recursos que estime suficientes para alcanzarlo. Puede que asigne un mayor presupuesto de viáticos para visitas personales a mis clientes, eventos con clientes potenciales, mayor cantidad de llamados, asistencia y presencia en ferias, publicidades a través de medios de comunicación, presencia en redes sociales, actividades de *branding* o investigación de mercado. Así, este simple objetivo puede involucrar un gran presupuesto de gastos y, quizás, de inversiones. Por este motivo, la actividad de fijar correctamente los objetivos y las necesidades para cumplirlos es de suma importancia.

Podemos destacar que cuando una empresa se encuentra en la etapa de definir sus objetivos es porque ya tiene definida, declarada y comunicada a toda la empresa su misión, su visión del negocio y los valores que pregonarán para el desarrollo de la visión. Cuando define qué hace y dónde quiere estar, entonces comienza a delinear el plan que la acerque a ese lugar, paso a paso, objetivo por objetivo. Por tanto, la definición de objetivos no es una tarea aislada, sino que termina alineando todos los intereses de la empresa hacia un solo punto. Para saber si transita correctamente hacia esa meta, la empresa monitorea el cumplimiento de los objetivos intermedios, de manera mensual, trimestral, semestral, anual, etc., dependiendo del perfil y la necesidad del negocio.

¿Qué busco con mi negocio?

La intención de saber si gano o pierdo con mi negocio tampoco es una idea aislada. Debe estar vinculada al objetivo que quiero lograr. Mi margen de ganancia neta fue de un 15% anual, ¿es bueno o malo?, ¿para qué me sirve esta información? Solo cuando lo comparo con mi objetivo de obtener un margen por encima del 10% (supongamos), puedo decir que mi ganancia fue mejor de lo que esperaba. Pero, si en la industria donde opero la ganancia neta suele estar por encima del 20%, es posible que no haya optimizado el uso de mis recursos, quedando por debajo de mis competidores o simplemente haya planteado mal el objetivo. En ese caso, deberé replantearlo y tomar acciones para corregir ese desvío.

¿Cómo asigno recursos para lograr esos objetivos? Las grandes empresas trabajan sobre presupuestos. Se presuponen muchas cosas, pero esencialmente las empresas desean prever: el nivel de ventas para el siguiente período, la capacidad de producción para llegar a ese nivel de ventas, los gastos para producir y distribuir (contrataciones, compras, etc.), las inversiones que se requerirán y la necesidad de contar con financiamiento o no. Estos conceptos pueden concentrarse en cuatro grandes grupos: presupuesto comercial, presupuesto de producción, presupuesto económico y presupuesto financiero. Si bien pueden haber muchos más, estos son los esenciales, mínimos e indispensables.

Una vez que defino quién soy, dónde quiero ir y cómo puedo coordinar mis recursos para llegar allí, puedo comenzar a decidir. Los conceptos y herramientas de este libro encauzarán la toma de decisiones para seguir estas estrategias y alcanzar los objetivos previstos, fortaleciendo las ventajas competitivas que me diferenciarán de mi competencia y me asegurarán una buena rentabilidad.

CAPÍTULO 1

LOS INFORMES FINANCIEROS
DE LAS EMPRESAS

Las empresas generan información económica, financiera e impositiva que debe ser registrada y procesada de manera que sirva a los intereses de todos los actores relacionados con ellas. En las sociedades, los directivos realizan estados o reportes contables y financieros de su gestión cada año (o lo hacen a través de estudios profesionales especializados), los cuales debe ser aprobados por los socios de la empresa. Estos estados van acompañados por una memoria en donde explican las condiciones en las que la empresa operó y cuáles son las expectativas para los próximos años, entre otras cosas. El objeto fundamental de esta información contable y financiera es defender los intereses de terceros (ajenos a la empresa en sí), incluyendo socios, acreedores y Estado.

Aunque no todos los negocios están obligados a llevar libros de comercio, debo entender qué tipo de información contienen esos estados o reportes, y para qué me sirve saber todo eso. Como inversor propietario de mi negocio tengo que aprender a leer y entender las ideas principales de los informes contables y financieros. Esto me ayudará a comprender, con el paso del tiempo, la situación que vive mi empresa.

Los informes contables y financieros pueden clasificarse en cuatro grandes grupos: i) el estado de situación patrimonial, el cual me otorga información sobre mis activos, pasivos y mi patrimonio; ii) el estado de resultados, que me dice si mi negocio produjo pérdidas o ganancias; iii) el estado del flujo de efectivo, el cual arroja información sobre la capacidad de mi negocio de generar caja (dinero), y desde dónde y hacia dónde se movió el dinero, y, finalmente, iv) el estado de evolución del patrimonio, que refleja los cambios ocurridos en el capital entre el momento de inicio y de cierre del ejercicio, cambios que incluyen los resultados, aportes y distribuciones de ganancias, entre otras cosas. A estos reportes se le suman notas con aperturas en detalle y otros conceptos más.

Las empresas con oferta pública de sus acciones o con emisión pública de deuda, deben presentar estos reportes a sus inversores con mayor frecuencia, de manera que quienes invierten sepan lo antes posible cualquier información que pueda afectar a sus intereses. Sin embargo, para el resto de las sociedades estos datos son anuales y privados, y tienen un objetivo fiscal y de resguardo de los intereses de terceros ajenos a la empresa. Si bien en muchos casos es necesario recurrir a la contabilidad de gestión para realizar ajustes que adecúen de una mejor manera los principios de la contabilidad a la realidad de la empresa, la estructura de funcionamiento no varía. Aunque un pequeño emprendimiento personal puede no requerir llevar libros de comercio, es importante entender el rol que juegan estos informes y de qué manera me sirven para tomar decisiones, a fin de replicar los principios generales para generar informes que me ayuden en la gestión.

El estado de situación patrimonial

El estado de situación patrimonial es un informe contable que me dice, en una fecha determinada, cuáles fueron mis activos, mis pasivos y mi capital. Los activos son los bienes y créditos a mi favor, tanto tangibles como intangibles (físicos o no). Por otro lado, un pasivo es todo lo que representa una obligación, ya sea de dar o de hacer a favor de terceros. El capital o patrimonio de los accionistas viene a ser la diferencia entre ambos, los activos menos los pasivos; por tanto, este patrimonio pasa a llamarse "neto" o limpio.

$$\text{Activo} - \text{pasivo} = \text{capital}$$

Entonces:

$$\text{Activo} = \text{pasivo} + \text{capital}$$

Esta última ecuación me dice que el activo (todo lo que tengo a mi favor y lo que necesito para generar riqueza) está conformado o financiado por dos grandes rubros: el pasivo y el capital (de los accionistas). Estas son las dos grandes fuentes de financiamiento del negocio. Es decir, cualquier aumento del activo deberá indefectiblemente ser afrontado por obligaciones con terceros (pasivo) o por el capital de los accionistas (patrimonio).

A su vez, los rubros dentro de cada grupo se ordenan de acuerdo con su grado de liquidez. La liquidez es la velocidad en que un activo o pasivo se convierte en dinero sin pérdida significativa de su valor. Poniendo un simple ejemplo, el componente principal de la liquidez es la cuenta caja, que incluye el efectivo, las cuentas bancarias y los cheques a cobrar; es decir, todo aquello que puede considerarse dinero en efectivo. El segundo rubro en grado de liquidez son las cuentas de los clientes a cobrar. Aunque no es efectivo líquido aún, tiene gran probabilidad de que en los próximos días o meses esas cuentas se cobren y se conviertan en caja. Aquí hay un ejemplo de los componentes del activo y del pasivo de una compañía:

	Año 1		Año 1
Caja	1.200	Deudas comerciales	2.500
Cuentas a cobrar	1.800	Deudas bancarias de corto plazo	1.200
Bienes de cambio			
Propiedad, planta y equipos	5.300	Deudas bancarias de largo plazo	100
Total activo	**8.300**	**Total pasivo**	**3.800**
		Patrimonio neto	4.500
		Total patrimonio neto + pasivo	**8.300**

A su vez, los activos y pasivos se pueden desagregar en dos grandes rubros: corrientes y no corrientes. Estos términos hacen referencia al tiempo que estará ese crédito o esa obligación en la empresa: corriente es menos de un año, y no corriente, más. Un préstamo puede ser un pasivo corriente (una obligación) cuando la devolución o amortización del capital será antes de un año.

Suele decirse que este reporte es más bien una foto de lo que tengo y lo que debo, mi situación patrimonial. Sumado a los otros informes, me arroja información económica muy valiosa.

El estado de resultados (ganancias y pérdidas)

El estado de resultados, por otra parte, es un informe que responde a una simple pregunta: ¿gané o perdí dinero durante el ejercicio fiscal? Cabe aclarar que, a diferencia del estado de situación patrimonial, este resultado es el acumulado durante el período de tiempo transcurrido entre el cierre de dos ejercicios, y no es simplemente la realidad en un determinado momento. Siguiendo la clasificación de costos y gastos por función[1], la estructura de este reporte parte del nivel de ventas o facturación que tuvo la empresa, le resta los costos asociados a esa venta (costos para producir o prestar el servicio), los gastos operativos o de explotación que fueron necesarios para el normal funcionamiento y no relacionados con el nivel de actividad de venta, se descuentan amortizaciones e intereses por financiamiento, se deduce el impuesto a las ganancias, a la renta o a la utilidad correspondiente, y se obtiene un resultado neto o final. El propósito fiscal

---

1 Según las NIIF 2015, la estructura de costos y gastos puede clasificarse por función o por su naturaleza.

(tributario) de este reporte es el de establecer cuál fue la ganancia (o pérdida) generada en el ejercicio a fin de calcular el impuesto a pagar.

Este resultado neto final puede tener dos destinos: reinvertirse en el negocio (constituyendo las reservas correspondientes) o distribuirse entre los socios. Mientras se decide su destino final, pasará a ser parte de los resultados no asignados (o nombre similar), dentro del patrimonio neto o capital social neto. Para nuestro ejemplo, la estructura económica podría reflejarse de la siguiente manera[2]:

	Año 1
Ventas	24.000
Costo de ventas	– 15.000
Resultado bruto	**9.000**
Gastos comerciales y administrativos	– 1.000
Gastos en investigación y desarrollo	–
Amortizaciones y depreciaciones	– 500
Gastos por intereses	– 1.500
Resultado antes de impuestos	**6.000**
Impuesto a las ganancias	– 2.100
Resultado neto	**3.900**

2 La exposición de estos rubros puede variar de acuerdo con la normativa de diferentes países. La discriminación de los gastos de investigación y desarrollo (I+D) y amortizaciones y depreciaciones responde a una mejor exposición y comprensión de estos conceptos.

El estado del flujo de efectivo

El estado del flujo de efectivo es una hoja del balance que indica cuál fue el origen y el destino de los fondos durante un tiempo determinado (coincide con el ejercicio fiscal anual). Está conformado por partidas, tanto del estado de situación patrimonial como del estado de resultados. Su estructura se separa en tres grandes grupos: actividades operativas, actividades de inversión y actividades de financiación.

Para la confección de este reporte puede recurrirse a dos métodos. El método indirecto, por ejemplo, parte del resultado neto que arroja el estado de resultados, se suman las amortizaciones y depreciaciones que fueron descontadas para calcular el impuesto corporativo correspondiente (dado que las amortizaciones y depreciaciones no constituyen salidas reales de dinero), se determinan las variaciones que tuvieron las partidas del estado patrimonial, se suman los ingresos y egresos de dinero del estado de resultados del ejercicio en cuestión, y se determina el flujo de caja neto del ejercicio. El método directo, en cambio, requiere analizar las variaciones de los rubros relativos a disponibilidades. Este flujo de caja neto es la variación de la cuenta caja de un período a otro; es decir, con qué efectivo (caja) comencé el ejercicio y con cuánto lo terminé. Si el flujo de caja neto es negativo, quiere decir que la empresa disminuyó su saldo de caja de un año para el otro. Lo contrario, si es positivo. Entonces, ¿para qué me sirve? Me otorga información financiera apreciable acerca de cómo fue el comportamiento de mi efectivo durante el período en cuestión.

De manera muy generalizada, podemos extraer algunas observaciones de los tres grupos que componen este reporte:

- Actividades operativas: me permiten saber si mi negocio limpio (*core business*) generó efectivo por sí solo o necesitó de financiamiento para operar. Luego de varios ajustes, y a grandes rasgos, puedo conocer si las partidas del capital de trabajo (sin financiamiento) se incrementaron (no ingresó dinero) o disminuyeron (ingresó dinero). Si este grupo arroja saldo negativo quiere decir que el negocio no generó los suficientes ingresos para soportar sus gastos, aumentando el capital de trabajo. En ese caso, un saldo negativo estaría "financiado" por: un resultado positivo de la actividad de inversión, un resultado positivo de la actividad de financiamiento o una reducción de la cuenta caja.
- Actividades de inversión: aquí puedo observar si la empresa generó caja por intereses o venta del rubro inversiones (saldo positivo) o, por el contrario, destinó caja para invertir (saldo negativo). Me permite detectar si se trató de inversiones de crecimiento o de mantenimiento habitual de la empresa.
- Actividad de financiación: finalmente, este último grupo me permite saber si mi política financiera fue distribuir dividendos[3] o reinvertir el resultado en el negocio (cuando fuesen resultados positivos). Además, puedo saber si el endeudamiento con terceros o propietarios creció (ingresó dinero) o disminuyó (salió dinero). Esta situación está ligada al resultado obtenido por las actividades operativas y

---

3 Dividendos: es la cuota que recibe cada accionista (propietario) de una empresa que reparte entre sus socios las ganancias obtenidas en un período. Esta cuota se determina por la cantidad de acciones que tenga cada socio con respecto al total de acciones de la firma.

de inversiones. Si estas últimas fueron negativas (la empresa no generó efectivo por sus operaciones y además invirtió en bienes de capital), solo existen dos posibilidades: lo financió con endeudamiento (saldo positivo en la actividad de financiación) o utilizó excedente de caja para financiarlo, por tanto, el saldo neto de caja es menor que al inicio (disminuyó la caja de un período a otro).

El estado del flujo de efectivo se complementa con los otros dos estados, y permite obtener mucha información sobre la administración del flujo de efectivo de mi empresa. Aunque pueda parecer un poco confusa la función de estos tres reportes, la iremos aclarando a lo largo del libro de una manera más práctica, al tratar de conceptualizar en detalle y entender la aplicación de cada uno de sus componentes.

El estado de evolución del patrimonio

Este reporte refleja las cuentas que componen el patrimonio o capital de los socios. Se basa en cuentas patrimoniales que reflejan su saldo inicial, las variaciones y el saldo final. Sus componentes principales son: capital social, aportes, reservas (obligatorias u opcionales), resultados del ejercicio (ganancias o pérdidas, "dato que se desprende del estado de resultados"), y la distribución a través de dividendos a los socios y honorarios a los directores.

CAPÍTULO 2

ECONOMÍA VS. FINANZAS

Por lo general, el mundo de los inversores habla en lenguaje financiero. Esto quiere decir que el foco fundamental está puesto en el ingreso y egreso de efectivo. Sin embargo, el lenguaje de los negocios, comúnmente, es en términos económicos; se habla de ganancias o pérdidas. Pero ¿qué quiere decir esto? Para comenzar, necesitamos hablar del valor tiempo del dinero, concepto netamente financiero, para después poder abordar los conceptos económicos de la empresa.

El valor tiempo del dinero

Comencemos por decir que el emprendedor o propietario de una empresa que invierte todo o gran parte de su capital para ponerla en funcionamiento lo hace con el principal interés de obtener un beneficio futuro superior al valor de su inversión, en un contexto de riesgo e incertidumbre. Resulta un gran riesgo poner el capital para comprar máquinas, utilitarios, inmuebles y embarcarse en gastos corrientes contratando personal y comprando materiales, insumos, servicios, entre otras cosas, sin tener una clara idea de cuánto se quiere y se puede ganar, y en qué plazo. El arte de invertir solo cobra sentido con el paso del tiempo; por eso uno de los pilares de las finanzas es el valor tiempo que tiene el dinero.

¿Qué significa esto? El valor tiempo del dinero es la base sólida donde se construye toda la teoría financiera: con el tiempo se crea riqueza. Se sabe que un peso hoy no vale lo mismo que un peso dentro de un año. ¿Por qué? Porque ese peso pierde poder adquisitivo (capacidad de comprar bienes y servicios) por la inflación; el mueble para la oficina que compro hoy costará más dentro de un año en un mercado inflacionario; el mismo dinero, pasado el tiempo, ya no me alcanzaría. Por otro lado, por la oportunidad de recibir ese peso hoy, invertirlo a una tasa de interés, y cobrar un valor superior al cabo de un año; es decir, por el costo de oportunidad (la mejor opción de inversión que me estoy perdiendo por no tener el dinero hoy en mano). Si bien se asumen otros riesgos con el paso del tiempo, estos son los dos factores principales del valor tiempo que tiene el dinero.

Partimos de la siguiente ecuación:

$$VF = VA \times (1 + i)^n$$

Donde: *VF* es el valor futuro, *VA* es el valor actual, *i* es la tasa periódica de interés (anual en este caso), y *n* es la cantidad de períodos. Si pensamos en hacer un depósito a plazo fijo en un banco, invertimos \$100 hoy a una tasa de interés anual del 30% durante un año[1]; al vencimiento (n) obtendremos \$130. ¿Cómo? Calculando: $100*(1+0,30)^1 = 130$. Por el contrario, si quisiéramos saber cuánto tenemos que invertir hoy para obtener \$130 dentro de un año, con la misma tasa de interés del mercado del 30%, solo debemos reacomodar los términos de la misma ecuación y despejar el valor actual (hoy):

$$VA = \frac{VF}{(1 + i)^n}$$

En nuestro ejemplo, quedaría $130/(1+0,30)^1 = 100$. ¿Qué sucede cuando tenemos más de un período? Si los \$100 los invertimos durante un año, al final de él obtendremos \$130. Si retiramos el interés generado (\$30) y reinvertimos el siguiente año los \$100 a la misma tasa obtendremos \$130 otra vez. Si sumamos los \$30 generados el primer año, los \$30 del segundo año y el capital original, observamos que la inversión vale \$160 al cabo de dos años. Esta operatoria se denomina interés simple, y su característica principal es que el interés no se suma al capital en cada inversión. Ahora bien, si al final del primer año no retiramos el interés, sino que lo dejamos en la inversión junto con el capital (es decir, lo capitalizamos) para que el próximo año genere intereses sobre \$130 (no sobre \$100 como fue originalmente), entonces veremos que al cabo del segundo año la inversión completa vale más:

$$VF = (100 \times 1,30) \times 1,30$$
$$VF = 169$$

---

1 Dependiendo de la localización espacial y temporal del lector, esta tasa puede parecer muy alta o muy baja.

O, aplicando la fórmula inicial:

$$VF = 100 \times (1 + 0{,}30)^2$$
$$VF = 169$$

Esta operación se denomina interés compuesto, y es una de las grandes maravillas de las finanzas, una fuerza imparable que genera beneficios acumulables. Entonces, capitalizando intereses se obtiene un mayor valor ($169) que con interés simple ($160). Bajo este principio funcionan todas las inversiones. Nuestras finanzas personales y nuestras empresas operan bajo estas fuerzas, y entenderlo es la mejor manera de obtener ganancias con el paso del tiempo.

Economía y finanzas, ¿son lo mismo?

Retomando la pregunta inicial, hablar de economía o de finanzas genera las primeras confusiones, dado que es muy común no separar los términos en forma correcta, o utilizarlos indistintamente. En muchos casos, su uso depende del contexto y del emisor. De hecho, muchas traducciones al español utilizan el término "financiero" para referirse a los estados contables en general (estados financieros o reportes financieros). En boca de un economista, un contable, un administrador, un ingeniero o un médico estos términos pueden diferir totalmente en su significado. Por tanto, nuestro primer paso será trazar las líneas que separan uno de otro, y dibujar las flechas en los puntos donde se unen.

Aunque pudiera albergar más de una discusión, las empresas realizan sus operaciones con el principal e indiscutible afán de ganar dinero. Más allá de que sus objetivos las lleven a generar valor para sí mismas y para la sociedad a través del valor agregado, los propietarios que arriesgan todo o gran parte de su capital lo hacen con la idea de recibir una retribución, un retorno a cambio del riesgo que están afrontando. No existiría una inversión si el beneficio que esperan obtener no compensara el riesgo que están asumiendo. Los propietarios o administradores tienen a disposición diferentes maneras de medir el riesgo y la recompensa, así como distintas herramientas para gestionarlo correctamente.

Para saber si mi empresa gana o pierde dinero necesito registrar todas mis operaciones. Más allá de que existen sociedades obligadas a llevar los reportes del capítulo anterior, el registro para controlar la gestión del negocio no es opcional, y debe ser tomado con todos los recaudos necesarios, independientemente del tamaño del negocio. Rige un axioma importante: si no se puede medir, no se puede administrar. Las empresas facturan sus ventas y registran sus gastos. Esta simple operación determina la base para entender el primer concepto económico de mi negocio: la rentabilidad o utilidad económica.

Las ventas pueden hacerse tanto al contado como a crédito, pero desde el punto de vista netamente económico esto es indiferente. Una venta es considerada tal, cuando nace el derecho y la obligación comercial, ya sea con la entrega del bien o con el acuerdo del contrato, representado por la factura comercial. No interesa si esas ventas se cobran o no, antes, durante o después (obviamente, desde esta concepción económica). Lo mismo ocurre con los costos y gastos. Desde la teoría contable, los gastos son sacrificios económicos necesarios para lograr un objetivo. Estos se registran cuando suceden. Por ejemplo, cuando realizo una compra a mi proveedor: me descarga la mercadería en mi depósito, firmo el remito y luego me envía la factura comercial correspondiente. Esta transacción se realiza durante un período de tiempo que puede abarcar más de un mes. Sin embargo, en el mes que nace la obligación debo registrar el gasto, con independencia de cuándo lo pague efectivamente. Bajo el mismo principio, si vendo mi mercadería a crédito, voy a registrar la venta en el mes en que entregué la factura con la mercadería o el servicio, sin importar cuándo en realidad cobre esa factura. Entonces, puedo decir que soy rentable cuando mis ventas son mayores a mis gastos, aunque no haya cobrado ni un solo peso ni pagado nada a nadie, por eso decimos que es económico; la rentabilidad o utilidad me dice si obtuve una ganancia o una pérdida solo en estos términos.

Por otro lado, el punto de vista financiero tal vez sea más fácil de comprender. Implica revisar mis bolsillos luego de cada operación y chequear si entró o salió dinero. Un ingreso por una venta solo se considera cuando la cobré, sin detenerme a revisar cuándo generé la venta (es decir, cuándo la facturé), y un egreso se cuenta solo cuando lo pagué. Por tanto, el punto de vista financiero me dice cuándo entró y cuándo salió dinero, y desde dónde y hacia dónde se movió; en otras palabras: representa mi *flujo de fondos*. El resultado consiste en determinar cuánto me quedó en caja (mi efectivo, cuentas bancarias y cheques; es decir, todos mis recursos monetarios), considerando con cuánto comencé el período, cuánto cobré y pagué, y con cuánto me quedo al final de ese tiempo. En el ejemplo anterior, mi acuerdo con el proveedor que me remitió la mercadería podría haber sido con pago a treinta días desde la fecha de la factura. Aquí la consideración de la salida efectiva de dinero la registraré solo en el momento en que pague la factura, con independencia del momento en que haya hecho la compra o reciba la mercadería. Del mismo modo, mi venta a crédito será registrada al momento de cobrar la factura, y no al realizar la venta. Exactamente lo contrario del punto de vista económico.

Ambos conceptos son aplicados en la contabilidad a través de principios conocidos como: devengado (*accrual accounting*) y percibido (*cash basis*). ¿Cuál es más importante? Los dos me dicen diferentes cosas sobre las mismas actividades. Uno se desprende del otro y, si uno me está indicando que estoy teniendo algún problema, es cuestión de tiempo para que el otro corra la misma suerte. Si el negocio no resulta económicamente rentable porque los gastos son mayores que las ventas, en el corto o mediano plazo el dinero que ingrese por ventas no alcanzará para pagar los gastos, entonces tendremos también un problema financiero. El puente conector entre mi resultado económico y el resultado financiero es el capital de trabajo. Esto lo veremos con mayor detalle en el Capítulo 6.

En suma:

Tabla 1. Económico vs. financiero

ECONÓMICO	FINANCIERO
	Inicio de caja
Ventas ➡	+ Cobranzas
- Gastos	- Pagos
Beneficio ➡	**Saldo de caja**

CAPÍTULO 3

VENTAS Y DEMANDA

Precio y cantidad: todo lo que necesito

Con las ventas vienen los negocios. Nada nuevo en esta afirmación, sin embargo, la pregunta que debemos hacernos es: ¿qué lugar le damos a las ventas? Muchos propietarios de pymes y emprendedores afirman que la actividad comercial es lo último que se delega, y existe una razón para eso. Pueden tomarse decisiones sobre disminuir gastos, eliminar servicios innecesarios, contratar personal, cerrar la planta en vacaciones, desarrollar un nuevo producto o discontinuar un ala de ingeniería con diferentes efectos en la estructura económica de la empresa. Sin embargo, aquellas decisiones que se refieren a ventas tienen el mayor impacto en el negocio. A la hora de evaluar un proyecto de inversión (es decir, cuando se analiza si conviene o no llevar adelante una inversión en la empresa en función de los posibles beneficios a obtener), las variables que se sensibilizan con mayor frecuencia son: precio de venta y demanda. Esto se debe al impacto que generan en los resultados, además de ser los componentes esenciales de las ventas. La acción de sensibilizar se refiere a asignar valores a cada variable para ver cuán sensibles son los resultados a los diferentes cambios.

En muchos casos, el precio de venta lo define el mercado. Entonces, solo es necesario investigar un poco para saber qué está haciendo la competencia con sus precios y la reacción de los consumidores (se dice que la demanda es elástica a los precios cuando estos reaccionan ante cambios). Por otro lado, existen situaciones en las cuales una empresa o un puñado de ellas son formadoras de precios. En estos casos, los consumidores no pueden elegir y, para satisfacer sus necesidades, deben asumir el precio y las condiciones que el mercado establece. Por lo general, estas situaciones están muy reguladas y no aplican a las pequeñas y medianas empresas.

La variable cantidad, que es la demanda del mercado sobre el producto o servicio, puede tener mayor injerencia y gestión por nuestra parte. Cuando definimos nuestro mercado, es decir, a quiénes le vamos a vender nuestro producto o prestar nuestro servicio, definimos también la cantidad que podemos ofrecer en función de nuestra capacidad instalada para fabricarlo o prestarlo. Esta tarea dependerá de nuestras estimaciones actuales y de nuestra capacidad de crecer para acompañar esa demanda.

Por esta razón, las variables de precio y de cantidad son las más importantes a la hora de proyectar nuestras operaciones. La decisión de realizar una bonificación comercial sobre el precio o un descuento por pronto pago (financiero) tiene un efecto mucho mayor que cualquier otra decisión de costos. Como regla general, el precio de venta de un producto o servicio no debería ser menor al costo de fabricarlo o prestarlo (estos costos suelen denominarse costos variables (cv), dado que cambian en función del volumen de producción o venta). Si fuese el caso, estaría destruyendo valor en mi negocio. Así, entonces, la cantidad demandada tiene un efecto multiplicador sobre este resultado. Si mi venta no alcanza a cubrir el costo de fabricar mi producto, no me quedará un resultado para "contribuir" con los gastos de la estructura del negocio, y me arrojará un resultado negativo. Entonces, mientras más cantidad venda de ese producto, más potenciaré ese mal resultado.

Cuidar y defender el precio de venta es la primera y más importante tarea.

Muchos vendedores afirman que, con un precio más bajo del producto o servicio, podrían vender más y obtener los mismos resultados. La matemática nos ayudará a explicar los efectos negativos de esta afirmación. En la Tabla 2 se observan dos productos similares A, y A', siendo este último el mismo producto con su precio bonificado:

Tabla 2. Bonificación y cantidad. Ejemplo.

	A	A'
Precio	$150	$120
CV	–$110	–$110
CMg	**$40**	**$10**
Cantidad	1.000	4.000
Beneficio	**$40.000**	**$40.000**

Donde precio es el precio unitario de venta, CV son los costos variables unitarios (necesarios para producir y vender el bien), CMg es la contribución marginal del producto. Como se aprecia, el producto A arroja una contribución marginal (CMg) de \$40. Al vender 1.000 unidades, se obtiene un beneficio de \$40.000 (1.000 unidades x \$40). Pero si se aplica un descuento del 20% sobre el precio [150*(1–0,20) = 120 producto A'] con el mismo nivel de costo variable de fabricación (CV), se obtiene una contribución marginal de \$10, por tanto, es necesario vender cuatro veces más (un 300%) del producto para obtener el mismo beneficio de \$40.000 (4.000 unidades x \$10). Desde este lugar, una reducción del precio tiene efectos muy grandes sobre la estructura económica. Un vendedor que decida hacer una bonificación pensando en compensar con una mayor cantidad, debe potenciar enormemente sus esfuerzos para obtener el mismo nivel de beneficios. Desde otro lugar, las cantidades de ventas podrían estar restringidas por el propio mercado; por ejemplo, entre 1.000 y 4.000 unidades. En tal caso, la CMg generada por el producto bonificado sería mucho menor. El principal problema es que son cálculos que normalmente no solemos hacer y, por tanto, existe muy poca conciencia de este efecto en la realidad.

La segunda explicación proviene de autores experimentados en ventas: el precio nunca es una limitante. Sabemos que no es lo mismo precio que valor. En palabras del famoso gurú de las finanzas, "el precio es lo que se paga, y el valor es lo que se recibe". El dinero representa un valor. Nuestra función como administradores y propietarios de negocios es saber qué valor le asignan las personas (clientes) a nuestros productos porque, cuando logremos compensar ese valor, podremos asignarle el precio correcto. Los mercados donde las empresas ofertan no son de bienes o servicios, sino de personas. Cuando comprendemos los deseos y las necesidades de las personas, con la finalidad de satisfacerlas, estamos en condiciones de conocer el valor que recibirían con nuestros productos, dejándolos convencidos de pagar un precio más adecuado. Los productos o servicios no deberían promocionarse por sus características ni imponerlos "a la fuerza", sino por la forma en que mejoran la vida de otros. Si las personas valoran nuevas cualidades que nuestra oferta no posee, debemos adaptarnos para aumentar el valor de lo que reciben, para que el precio también se adecúe. Si el precio fuese una limitante, no existiría gente que comprara una Ferrari o un Rolex, aunque tuvieran las mismas prestaciones que otras marcas mucho más económicas.

El precio debería representar correctamente el valor de lo que ofrecemos, y nuestra tarea sería comunicar de forma eficiente ese valor. No se trata de modificar nuestro producto todo el tiempo, sino de seguir de cerca la demanda del mercado, captar lo que el mercado valora, y dárselo. Es importante hacer bien las cosas, no engañar ni cobrar un precio que un producto no vale. Hoy por hoy, la información se transmite en tiempo real, y existen medios de promoción imposibles de controlar, como las redes sociales. Un viejo proverbio reza que vale más el buen nombre que el oro y la plata. Una mala publicidad de un negocio hecho con mala fe es muy difícil de superar. Dado que este tema implica y merece un amplio desarrollo, recomendamos la lectura de los autores indicados en la bibliografía.

Demand rules! [1]

Con el comienzo de la era industrial, las grandes empresas como Ford o General Motors fabricaban en función de sus capacidades, y la gente compraba lo que ellas ofrecían; es decir, lo que había en el mercado. Fue famosa la frase de Henry Ford en su autobiografía que rezaba: "Un cliente puede tener su automóvil del color que desee, siempre y cuando desee que sea negro". Por entonces, el color negro le permitía a la empresa mejorar sus costos al reducir los tiempos de fabricación. Con la globalización, el acceso a la información en tiempo real y la sobreoferta de productos y servicios ese modelo quedó obsoleto. El comercio de cualquier producto o servicio es cada día mayor, la tecnología mejora las prestaciones a cada instante, aparecen nuevas ideas y otras quedan en desuso. La demanda gobierna, tira, destruye y construye. Al día de hoy, muchas pymes discuten si el área comercial debería vender lo que el área de producción fabrica, o viceversa. Ni una ni otra. El cliente define lo que quiere o necesita, la empresa lo capta, lo diseña, lo fabrica y se lo ofrece al precio que el cliente valora. El foco es el cliente. Si soy emprendedor, mi primer paso no debería ser buscar qué puedo fabricar (porque puedo meterme en un lío importante si la gente no lo quiere) o qué servicio prestar, sino más bien observar qué necesita o desea el mercado ¡y dárselo! Esto requiere conocer mis habilidades, capacidades, gustos y pasiones, ¿qué me activa realmente? Para recordar: i) deseo y necesidad son los motores humanos primarios, y ii) estamos en el mercado de las personas.

---

1   ¡La demanda manda!

¿Por qué me eligen?

El motor que moviliza el negocio siempre es la venta, y la venta se realiza a las personas (aunque en forma de sociedades o corporaciones, siempre son personas). Los deseos y necesidades de las personas están en constante evolución. Parece otra frase trillada, pero sigue siendo cierta: la gente quiere las cosas cada vez más rápido y con menor esfuerzo. Hacia eso apunta la tecnología, a crear bienes y servicios cada vez más rápidos y fáciles, a costos cada vez menores. Para que ese motor de ventas no se detenga nunca, nuestra pyme necesita estar al tanto de lo que sucede en el mercado, y readaptar los productos para acompañar los cambios. Aquí aparece el concepto de innovación. Innovar tiene muchas formas de entenderse, pero, esencialmente, requiere adaptar nuestros productos y servicios a esos cambios. No necesariamente implica inventar algo, sino emplear invenciones de una nueva manera, de forma efectiva y eficiente. Tal vez sea tomar algo que existe y aplicarlo a un nuevo negocio, o incorporar prestaciones a nuestro producto que los clientes puedan valorar. Lo importante es entender que si el mercado es dinámico y está cambiando, nuestras ventas deben ser dinámicas y acompañar esos cambios. De lo contrario, estamos predestinados a perder participación de mercado.

Un ejemplo claro de esto lo vimos en la industria del entretenimiento y la tecnología. Luego del auge de los videoclubs, empresas del tamaño de Blockbuster sucumbieron ante la llegada de nuevos modelos de negocios como Netflix; con un abono mensual hoy pueden verse películas y series desde la pantalla de un móvil celular. La venta y distribución de libros digitales o música que se descarga desde una web son solo algunos ejemplos de los cambios de hábitos y exigencias de los consumidores que trajo la tecnología. Las empresas que supieron observar, invertir y adaptarse a los cambios, aun resignando rentabilidad en sus primeros años de formación, son las que se quedaron con los mercados.

Para todo esto es necesario acompañar el proceso de cambio con capacitación constante de nuestro equipo de colaboradores, esencial para lograr la misma dinámica de cambio. Los economistas coinciden en que innovación y capacitación son dos pilares fundamentales para que las ventas de las empresas crezcan. Esta innovación de nuestros productos y servicios va de la mano con la investigación del mercado y del desarrollo de nuestra oferta. Solo cuando entendemos lo que quiere y necesita el mercado podemos desarrollar nuevos productos para satisfacer esa demanda cambiante. Existen empresas en industrias donde el área de investigación y desarrollo (I+D) no es opcional, y necesitan apartar un presupuesto considerable para poder ofrecer productos y servicios actualizados constantemente a las demandas de los mercados.

Además, el crecimiento de las ventas debe ser continuo y ordenado. Esto significa que es necesario alimentar el motor con la información de lo que el mercado demanda, y debemos tener toda nuestra estructura alineada para conseguirlo. Tenemos que saber dónde estamos parados, hacia dónde queremos ir, en cuánto tiempo llegaremos allí, qué recursos necesitaremos y cómo mediremos el éxito de nuestro crecimiento. Es en esta etapa donde se trazan los planes de negocio y las estrategias para alcanzar los objetivos del plan. Las ventas solo son el puntapié inicial para entender el negocio en su conjunto.

Decíamos en el capítulo anterior que hay dos tipos de estrategias: la que busca diferenciar nuestra oferta (producto o servicio), y la que ofrece productos a bajo costo. La estrategia de bajo costo se consigue una vez que obtengamos tales dimensiones que nos permitan alcanzar economías de escala. En otras palabras, cuanto más fabricamos, menor es la incidencia unitaria de nuestros gastos de estructura, porque ellos se diluyen en la mayor cantidad de unidades producidas. Por otro lado, la diferenciación de nuestro producto respecto del de la competencia es la estrategia de negocios más factible para las pymes. Cuando logro ofrecer algo que el mercado demanda y valora, estoy obteniendo una ventaja sobre la competencia. Este término es conocido como "ventaja competitiva". La ventaja competitiva es aquella característica que hace único a mi producto y es sostenible en el tiempo. La pregunta correcta que debemos hacernos es: ¿a qué costo? Si quiero ofrecer más servicios que la competencia, un *stock* de productos más amplio, entregas más rápidas, productos más baratos, mayor cantidad de sucursales, atención personalizada, etc., y si eso me implica un abultado gasto que con el paso del tiempo me hará rozar el resultado negativo, entonces no se trata de una ventaja competitiva. La ventaja competitiva siempre se traduce en resultados positivos para la empresa, resultados que se sostienen en el tiempo.

Recapitulando: debo prestar atención a lo que mi mercado necesita y desea, cómo puedo adaptar mi oferta para dárselo, capturar ese valor con los precios adecuados, obtener una ventaja competitiva que me diferencie de la competencia y tener mucho cuidado con las decisiones que tomo en materia de precio y cantidad.

CAPÍTULO 4

LOS RESULTADOS ECONÓMICOS

La rentabilidad o utilidad económica

Una vez que definimos los planes y estrategias que nos llevarán a crear una ventaja sostenible en el mercado, debemos tener bien definidos los mojones que nos informarán si avanzamos en la dirección correcta. El primer eje de análisis a construir en esta primera etapa será la utilidad o rentabilidad de mi negocio; esto es, en términos económicos. La utilidad o rentabilidad se determina por las operaciones durante un plazo de tiempo determinado. Si bien los resultados contables se exponen de manera anual (ejercicio fiscal para sociedades que no cotizan en bolsa), los datos deberían obtenerse cada mes, a fin de elaborar informes de gestión con frecuencia mensual, bimestral, trimestral o semestral, para definir su evolución. Aunque pareciese que esto solo es aplicable a grandes empresas, una vez que adquirimos el hábito de registrar cada operación, solo es cuestión de ordenar las piezas correctamente para obtener la información adecuada.

Decíamos en una primera instancia que la utilidad o rentabilidad económica no considera, por ejemplo, si cobro las ventas o pago mis gastos, solo tiene en cuenta el momento en que se producen estos hechos económicos.

Es probable que, durante la etapa de inicio o crecimiento de mi negocio, no cuente con un software o sistema de gestión adecuado para contabilizar todas mis operaciones[1]. Hoy por hoy existe un mercado cada vez más desarrollado en estos sistemas, que ofrece tanto softwares con licencias y descargas, como sistemas de almacenamiento en la nube con abonos mensuales. Más allá de esto, la falta de un sistema de gestión no es impedimento para llevar un registro de todo lo que hago en planillas u hojas de cálculo, con especial foco en los ejes principales de la gestión de mi pyme: ventas, compras y gastos, cobranzas y pagos (tesorería) e inventarios, que incluyen materia prima, productos en proceso y terminados. Una empresa manufacturera puede requerir un mayor capital de trabajo y, por ende, superiores niveles de inventario que una empresa de servicio. Con independencia de esto, todas estas operaciones son muy importantes, y deben ser registradas y controladas con regularidad para obtener información confiable en tiempo real.

Ahora bien, para determinar la rentabilidad o utilidad económica de mi negocio, debo comenzar en el punto de inicio y motor de todo lo que hago: las ventas. Antes de comenzar y para estar de acuerdo, dejamos de

---

1 Estos sistemas de gestión son conocidos como ERP por sus siglas en inglés (*Enterprise Resource Planning*).

lado los impuestos y tomamos las ventas puras o netas. ¿Por qué? Si consideramos el componente impositivo, distorsionamos la información. Por un lado, porque algunos impuestos no son gastos, sino que son "anticipos" al fisco recaudador que la empresa debe realizar (algunos se compensan o podrían compensarse mensualmente). Por otro lado, los impuestos varían de acuerdo a cómo tributen los contribuyentes: por productos, servicios, localización, montos, categorías, etc., lo que hace que dos o más unidades de negocios sean incomparables entre sí, mucho más entre empresas. Queda claro entonces que los niveles de ventas son netos, sin impuestos; por lo tanto, en términos simples, son el resultado de multiplicar el precio de venta unitario de cada producto por la cantidad vendida. Cada vez que hablemos de ventas, será con base en este concepto.

Seguido a las ventas, necesito saber cuál es el costo que ellas demandaron, sin considerar la utilización del resto de la "estructura independiente" del negocio. Cuando se trata de empresas que involucran procesos de transformación de materia prima, el costo de ventas lo definimos por una simple fórmula: "existencia inicial" más las "compras" y "gastos de fabricación" del período menos "existencia final". Para abordarlo correctamente, lo más sencillo es comenzar por las compras y gastos.

Las "compras" suelen referirse a una relación contractual con terceros que involucra contratos de compraventa. Por otro lado, el reconocimiento de un gasto puede diferir del momento en que se hizo la compra. En este caso, se trata de conceptos vinculados de forma directa o indirecta a la venta o producción, como pueden ser la materia prima usada para producir, la mano de obra directa que participa en la producción (los operarios que trabajan sobre el producto, o las personas que prestan los servicios que ofrece la empresa) y los gastos de fabricación (que son gastos indirectos pero también asociados a la venta o producción, como ser supervisores de planta, la energía eléctrica cuando no sea posible atribuirla a un producto, el alquiler de la planta, los insumos y servicios de mantenimiento de las máquinas de producción, etc.). Como puede observarse, estos gastos están relacionados con el proceso de transformación de la materia prima en producto terminado, o con la prestación del servicio en sí, para lograr la venta. Los otros dos componentes de la fórmula, las existencias, requieren un trabajo de valoración con no pocos inconvenientes.

Tanto la existencia inicial como la existencia final requieren valorizar los inventarios que hayamos tenido bajo análisis al inicio y al final del período, incluida la materia prima, los insumos, los productos en proceso de fabricación y los productos terminados. De esta manera, el costo de venta queda determinado de la siguiente manera:

$$Costo\ de\ venta = existencia\ inicial + compras$$
$$- existencia\ final$$

Entonces, con la diferencia entre estos dos primeros componentes, es decir: ventas – costos de venta, obtengo la utilidad bruta o resultado bruto (*Gross Earnings*). Pero ¿qué significa? Al partir del nivel de ventas y restarle mi costo incurrido por esas ventas (valorizando los productos vendidos o servicios prestados), puedo saber el primer nivel de resultado de mi negocio: si mis ventas fueron suficientes para "cubrir o soportar" sus propios costos (costos de producir los bienes o prestar los servicios) y si me dejarán un remanente para "contribuir o pagar" los gastos fijos, gastos de estructura, independientes o de explotación (aquellos costos o gastos que son independientes de mi volumen de ventas o producción, los tengo venda o no mi producto). Cabe aclarar que si los componentes para valorizar el costo de venta son variables (varían con el nivel de actividad), el sistema mencionado se denomina "sistema de costeo variable o directo". Dicho sistema da lugar al análisis marginal y a la determinación del punto de equilibrio. Sin embargo, las normas contables en general (y en particular la argentina) exigen la utilización del "sistema de costeo integral, total o absorbente", en el cual no solo los costos variables sino también los costos fijos de producción deben considerarse para la valuación de las existencias, con excepción de aquellos costos relacionados con ineficiencias y ociosidades.

El análisis marginal es una poderosa herramienta que permite evaluar la eficacia y eficiencia de nuestros costos. ¿Qué efecto puede tener en los resultados la adición de una unidad de insumo? Como decíamos antes, el análisis marginal se basa en el sistema de costeo variable o directo. De esta manera podemos observar la rentabilidad unitaria, por línea de producto, por unidad de negocio o por empresa, para entender los efectos de las variaciones de sus costos sobre las diferentes unidades de rentabilidad. Bajo este sistema de costeo, el resultado bruto se denomina contribución marginal (CMg), dado que la variabilidad del costo está vinculada a la fluctuación de la venta.

En suma, nuestra primera parte del análisis económico quedaría determinada de la siguiente manera:

	Año 1
Ventas	24.000
Costo de ventas	− 15.000
Resultado bruto	**9.000**

¿Por qué es importante conocer el resultado bruto de cada línea o producto? Porque si este primer nivel de análisis es negativo, no hay nada más que contribuya con los gastos de estructura; en otras palabras, no agrego valor sino que lo destruyo. Si se aplica a mi negocio, tengo que hacer un cambio sustancial en toda la empresa. Puede suceder que esté presupuestando mal mis productos, que esté vendiendo mucho más de las líneas que no son rentables, que los costos de la materia prima, la mano de obra directa e insumos aumentaron mucho más que mis precios de ventas por efecto de la inflación[2], o puede llevarme a determinar que los mercados donde opero son muy sensibles a los precios y no me permiten trasladar costos de inflación, entre muchas otras cosas. Esta información es la primera fase a considerar, y parte del resultado bruto. Una vez que cuente con un detalle de mi rentabilidad general, puedo saber cuáles productos o líneas de productos son más rentables, cuáles de mis clientes me aportan mucho más valor, cuáles me lo destruyen o cuáles mercados me permitirían expandirme logrando un efecto potenciador de mi negocio.

---

2 Especialmente en economías emergentes o de frontera con problemas inflacionarios.

El resultado operativo

Continuando la línea vertical de nuestro análisis económico, luego de este primer resultado bruto determinamos una serie de costos y gastos que ya no van a estar implicados directamente con el nivel de producción o ventas, sino más bien con la "estructura" que necesitamos para poder realizar nuestras operaciones. Estos niveles de gastos se denominan de diferentes maneras, pero, por lo general, se trata de gastos de estructura, operativos o de explotación del negocio. Los gastos operativos pueden subdividirse a su vez en tres grandes grupos importantes: i) gastos comerciales, generales y administrativos; ii) gastos de investigación y desarrollo (i+d), y iii) amortizaciones y depreciaciones.

Aquellos gastos de fabricación indirectos no incluidos en el costo de venta del punto anterior –por ejemplo, sueldos de supervisores, personal de mantenimiento, de calidad, seguridad e higiene, etc.– estarían incluidos en el primer concepto de gastos comerciales, generales y administrativos (i). De la misma manera, al fabricar los bienes que fueron a mi inventario y luego vendí es muy probable que haya requerido utilizar parte, si no toda, de la estructura de la empresa y no solo el área de producción. Es decir, puede que haya requerido los servicios de los vendedores (que tienen un sueldo fijo), o los del personal de administración para emitir las facturas, registrar los comprobantes de los proveedores, cobrar, pagar o, tal vez, el personal de compras que abastece de útiles y papelería a todo el negocio, personal de ingeniería para elaborar los planos de mis productos o diseñar los procesos para fabricarlos, el alquiler de las oficinas administrativas, el personal de calidad para certificar normas internacionales que me abrirán nuevos mercados, o el pago de impuestos que no recupero, etc. Esta línea de gastos es independiente de mi actividad, los debo pagar, venda o no venda mis productos o mis servicios. En definitiva, incluye todos los gastos que no fueron considerados en el costo de venta. A fin de resumir, a estos gastos los denominaremos: gastos comerciales y administrativos, o SG&A[3], por sus siglas en inglés.

Los gastos de investigación y desarrollo (ii), en cambio, son opcionales para algunos tipos de industrias. Comúnmente, este rubro está vinculado a empresas que necesitan dedicar recursos a desarrollar patentes o nuevos diseños, como las farmacéuticas o tecnológicas. El gasto constante en I+D de una empresa puede deberse a que su posicionamiento y crecimiento en el mercado esté muy relacionado con el ofrecimiento de nuevos productos cada día, situación muy común en mercados altamente competitivos. Existen circunstancias en que el gasto destinado al desarrollo de un nuevo producto para un determinado mercado, cuando el producto está en una etapa de preventa y no se trata de una simple investigación, se puede "activar". Esto quiere decir que en el período correspondiente no se registra como un gasto común y corriente, sino que pasa a constituir un activo de la empresa, y se desvaloriza a través de una serie de amortizaciones periódicas. Lo que nos lleva al tercer ítem de gastos.

Las depreciaciones y amortizaciones (iii), finalmente, se refieren a la pérdida de valor de los activos de la empresa con el paso del tiempo, tanto de bienes tangibles como intangibles (como el ejemplo del gasto por desarro-

---

3 *Selling, General and Administrative Expense.*

llo), respectivamente. La existencia de este rubro tiene varios motivos. En términos prácticos, permite no registrar todo el gasto de una sola vez en el momento en que se produce (indistintamente de cuándo pague realmente ese activo susceptible de ser amortizado o depreciado). Cuando compro una máquina con una vida útil de diez años, el "gasto" se prorratea durante ese tiempo a través de su depreciación, lo que a su vez refleja la realidad económica por obsolescencia del activo. Por tanto, no registro un gran gasto en el año de compra, sino que constituyo el bien como un activo en el negocio, con las sucesivas depreciaciones anuales que se considerarán gastos deducibles de impuestos, incluidos en este ítem. De esta manera, por amortización o depreciación este gasto será deducible del impuesto corporativo y obtendré una ventaja fiscal.

Entonces, mi remanente del resultado bruto es lo que "pagará" estos últimos gastos incluyendo estos rubros, y determinará un nuevo nivel de rentabilidad: la operativa.

Resumiendo hasta acá, obtenemos que:

	Año 1
Ventas	24.000
Costo de ventas	− 15.000
Resultado bruto	**9.000**
Gastos comerciales y administrativos	− 1.000
Gastos en investigación y desarrollo	−
Amortizaciones y depreciaciones	− 500
Resultado operativo (EBIT)	**7.500**

EBIT (*Earnings Before Interests and Taxes*, por sus siglas en inglés) o ganancias antes de intereses e impuestos, es una medida de rentabilidad ampliamente utilizada en los negocios, y equivale al resultado operativo o resultado de explotación de la empresa. Ahora bien, ¿es importante el EBIT? Repasando lo visto hasta acá: sé que vendí mis productos y ellos pagaron sus propios costos de venta (o producción), me quedó un resto para afrontar los gastos de la estructura del negocio (necesaria para producir y vender) y, finalmente, me quedó una ganancia operativa. Este EBIT o resultado operativo (ganancia o pérdida operativa) me dice cuál fue el resultado "limpio", el núcleo mismo de mi negocio (*core business*), sin tener en cuenta si tuve que financiar mis operaciones de producción o venta (intereses por préstamos tomados), de qué forma lo hice, ni lo que tenga que pagarle o retribuirle al Estado (a través del impuesto corporativo o impuesto a las ganancias).

La cuestión de dejar el financiamiento y el impuesto corporativo fuera de la ecuación es muy importante. Por un lado, la gestión financiera (tomar deuda o no) puede crear mayor valor al negocio y potenciarlo, como una actividad en sí misma, o, por el contrario, destruirlo. El apalancamiento financiero es un recurso muy valioso que crea valor y es independiente de los niveles de ventas y gastos. Además, necesito saber si el negocio (solo) es rentable y me genera utilidad con independencia de su financiación. Por otro lado, el impuesto a las corporaciones o impuesto a las ganancias no es un factor administrable por la empresa, y los intereses por financiamiento son deducibles de este impuesto. Por tanto, cuando hablamos de EBIT no tenemos en cuenta los intereses por deuda y, en consecuencia, el impuesto corporativo.

El resultado neto

Hasta ahora sabemos que el EBIT es el resultado de mi negocio limpio: compro la materia prima, fabrico y vendo, incluidos todos los gastos de explotación u operativos necesarios (administrativos, comerciales, generales, etc.). Sin embargo, este es un número que me acerca al resultado que necesito conocer, pero no es el último. El EBIT me dice lo que me queda luego de retribuir a la fuerza laboral para fabricar y vender mis productos o servicios, aunque, como vimos, nada dice sobre mi retribución al Estado, a los acreedores de capital ni a los propietarios.

Si no tuviese financiación, sobre el mismo EBIT puedo calcular el impuesto a las ganancias que tengo que pagar y se lo descuento, obteniendo el resultado neto o final.

Resultado operativo (EBIT)	7.500
Impuesto a las ganancias	− 2.625
Resultado neto	**4.875**

Aquí se considera una tasa impositiva del 35% (35% x 7.500 = 2.625). Este es el mismo ejemplo del Capítulo 1, pero este resultado es diferente. ¿Por qué? Por el financiamiento. Todo cambia cuando estoy endeudado, dado que puedo obtener un beneficio impositivo adicional que debo tener en cuenta. Para conocer el efecto del endeudamiento sobre mi resultado, al EBIT tengo que restarle el costo del financiamiento que obtuve (es decir, el interés financiero), a fin de determinar el impuesto corporativo que deberé pagar. Esto es: el resultado antes de impuestos.

Este simple hecho me agrega mucho valor a mi negocio: cuando me endeudo puedo descontar los intereses antes de calcular el impuesto y, por ende, pagar menos impuesto. Esta es la creación de valor a través del financiamiento: pagar menos impuesto mejora mi resultado neto (las ganancias son menores por el pago a los prestamistas de capital, ganancias que quedarán en la empresa). Esto genera un escudo fiscal o ahorro fiscal (conocido como *tax shield*). Este tema será abordado en detalle en el Capítulo 7.

¿Cómo obtengo entonces mi resultado? Una vez deducidos de mi EBIT los intereses por préstamos, consigo el resultado antes de impuestos, le resto el impuesto a las ganancias y obtengo el resultado neto.

El resultado neto es el obtenido tras considerar la gestión del financiamiento y la participación del Estado en la empresa. Es decir, retribuí a la mano de obra por sus servicios, a los bancos y otros acreedores por el capital (dinero) prestado, y al Estado a través del impuesto a la renta o a las ganancias. El resultado neto, siempre en términos económicos, es el resultado generado por el negocio, que puede seguir por tres caminos: ser distribuido entre los propietarios, ser reinvertido en la empresa para potenciar su crecimiento (cabe aclarar que este resultado es económico y no necesariamente se encuentre en caja de mi empresa; solo me dice cuán rentable fue mi negocio durante el período), o ambos.

Consideraciones sobre el inventario y el costo de ventas

Decíamos que el resultado bruto se obtiene deduciéndole a las ventas el costo de ellas. Vimos también que el costo de venta de una empresa se determina por una simple fórmula: existencia inicial + compras − existencia final. Para obtenerlo, se valorizan cada uno de estos componentes.

Cuando se analizan los resultados de un período, por lo general un año, se parte de la situación del año anterior, se consideran las variaciones durante el período, y se toma la situación al final del último año. El inventario al inicio del ejercicio incluye: el valor de la materia prima, los insumos, los productos en proceso de producción (antes de ser aptos para la venta) y los productos terminados listos para vender.

Los costos de producción del período son los costos necesarios para la transformación de la materia prima en productos terminados. Incluyen: la mano de obra directa del personal, los gastos de fabricación, la compra de insumos y la compra de materia prima.

Para determinar la existencia final se requiere examinar los inventarios a fin de año y valorizar la materia prima restante en los depósitos, los insumos, los productos en proceso (haciendo un corte a la fecha de cierre del ejercicio) y los productos terminados en almacén. Esta existencia final será la existencia inicial del próximo período a analizar, una vez transcurrido el tiempo.

Recordemos que, si bien el análisis marginal (sistema de costeo variable) nos pide considerar solo aquellos gastos variables (vinculados al nivel de ventas) dentro del costo de ventas para determinar la contribución marginal, las normas contables de nuestro país[4] requieren que dentro de este rubro se incluyan todos los gastos de fabricación: fijos y variables. Por lo tanto, el sistema de costeo adoptado contablemente es el total o absorbente.

---

4 Este concepto es aplicable a Argentina, y puede diferir en otros países.

Entonces, el ejemplo de una estructura del costo de ventas quedaría de la siguiente manera:

Materia prima e insumos	35
Productos terminados	75
Productos en proceso de producción	20
Existencia inicial	**130**
Mano de obra directa	15
Gastos de fabricación	40
Compra de materia prima e insumos	10
Costos de producción	**65**
Materia prima e insumos	30
Productos terminados	80
Productos en proceso de producción	20
Existencia final	**130**

Por lo tanto, el costo de ventas sería:

Existencia inicial:	$ 130
+ Costo de producción:	$ 65
– Existencia final:	$ 130
Costo de ventas:	**$ 65**

De este ejemplo pueden extraerse varias conclusiones. En líneas generales, se observa que la existencia inicial y la final es la misma (aunque los componentes hayan variado). Esto indica que el costo de ventas es exactamente igual al costo de producción.

Una variación dentro de las existencias la observamos en las materias primas e insumos. Al momento de inicio, el valor del inventario de materia prima e insumos era de $35, la compra de estos ítems fue por un valor de $10 y, el saldo final del inventario, resultó en $30. Esto quiere decir que se consumió $15 de materia prima e insumos ($35 + $10 − $30). De manera similar, el *stock* de productos terminados aumentó de $75 a $80 y el *stock* de productos en proceso de producción se mantuvo constante en $20.

¿Qué sucede cuando el inventario es mayor de un período a otro? Por lógica matemática de la fórmula, si al final del período tenemos más inventario que al inicio, el costo de ventas será menor y el resultado bruto será mayor[5].

Materia prima e insumos	35
Productos terminados	75
Productos en proceso de producción	20
Existencia inicial	**130**
Mano de obra directa	15
Gastos de fabricación	40
Compra de materia prima e insumos	10
Costos de producción	**65**
Materia prima e insumos	30
Productos terminados	120
Productos en proceso de producción	20
Existencia final	**170**

---

5 Una mejora en el resultado bruto por acumulación de inventarios podría observarse cuando se incrementa la absorción de costos fijos y solo cuando se utilizan costos estándar como método de valuación.

En este ejemplo, el inventario de productos terminados aumentó de \$75 a \$120, generando un costo de ventas de \$25 (\$130 + \$65 − \$170), mucho menor que el anterior. El mismo efecto ocurre con cualquiera de los componentes de la existencia final.

Por otro lado, un mayor costo de producción, originado por cualquiera de sus componentes, repercute en el costo de ventas aumentándolo, por tanto, generando un resultado bruto menor.

Materia prima e insumos	35
Productos terminados	75
Productos en proceso de producción	20
Existencia inicial	**130**
Mano de obra directa	15
Gastos de fabricación	60
Compra de materia prima e insumos	10
Costos de producción	**85**
Materia prima e insumos	30
Productos terminados	80
Productos en proceso de producción	20
Existencia final	**130**

En este ejemplo, los gastos de fabricación aumentaron a \$60 (anteriormente eran \$40), generando un costo de ventas de \$85 (\$130 + \$85 − \$130), mayor al original.

Naturalmente, un mayor costo de ventas se traduce en un menor resultado bruto.

¿Por qué es importante este efecto en mi negocio?

Cuando pronostico un nivel de producción y no logro venderlo, mis inventarios al final del año serán mayores. Esta situación desfavorable para mi empresa tiene un efecto económico positivo, dado que me reducirá el costo de ventas obteniendo mejores resultados (le resto un costo menor a mis ventas) con el sistema de valuación adecuado.

¿Qué sucede desde lo financiero? Este mayor nivel de inventarios se verá reflejado en mi estado de flujo de efectivo, el cual me indicará que se trata de dinero que posiblemente ya pagué y aún no cobré como venta (lo tengo inmóvil), manifestado en un aumento de mi capital de trabajo y, como corolario, una potencial necesidad de financiamiento.

En otras palabras, un mayor inventario de productos (o cualquier componente de la existencia final) al fin del ejercicio me mejora mis resultados económicos (siempre y cuando logre el inventario adicional sin incrementar los recursos utilizados), pero me genera un mayor capital de trabajo por un menor ingreso de efectivo (financiero). Cada vez que veo más inventarios en mis almacenes, debo recordar que es dinero que no está entrando y que alguien lo debe financiar, propietarios, bancos u obligacionistas, con los costos por intereses correspondientes. Ni malo ni bueno, es una realidad que debo considerar a la hora de decidir sobre mis inventarios y su financiación.

Las inversiones en bienes de capital y capital de trabajo

Cuando agregamos el desembolso (salida de efectivo) correspondiente a inversiones en activos fijos y capital de trabajo, transformamos la estructura económica en financiera y hablamos de flujo de fondos. La incorporación del capital de trabajo es lo primero que cumple esta función.

Todo negocio puede –y en muchos casos debe– realizar inversiones que mejoren la ganancia, el retorno y su liquidez, asegurando sus operaciones a lo largo del tiempo. Si se trata de inversiones en activos que permanecerán más de un año en el negocio (no comercializo esos activos), se denominan activos fijos. Estas inversiones pueden separarse en tres grandes grupos:

- Inversiones de mantenimiento.
- Inversiones de expansión o crecimiento.
- Inversiones para optimizar costos.

Las inversiones de mantenimiento son las normales, necesarias para sostener y mejorar progresivamente el rendimiento productivo de la empresa. Son las inversiones que deben realizarse todos los años y ser parte del presupuesto operativo de la firma. En la bibliografía inglesa se las encuentra con la abreviatura PP&E[6]. En cambio, las inversiones para expandir o crecer son proyectos extraordinarios, como una mudanza a un parque industrial o la adquisición o fusión de empresas, etc.

---

6 *Property, Plant and Equipment* (propiedades, plantas y equipos).

Las obras financieras académicas nos dicen que todas las empresas tienen restricciones para crecer, internas o externas. Por lo general, el crecimiento (o el simple mantenimiento) del nivel de ventas está atado al nivel de inversiones que la empresa pueda realizar. Paradójicamente, el nivel de inversiones que la empresa pueda sostener estará vinculado a las ventas que pueda alcanzar. Ventas ligadas a inversiones, ¿cómo se sale de esta circularidad?

Es importante recordar que las inversiones no están atadas a las amortizaciones históricas de los activos fijos ni al nivel histórico de ventas, sino al cumplimiento de los objetivos de la estrategia del negocio. Las inversiones para optimizar costos, finalmente, son las necesarias para atender una demanda que permanece estable, generando flujos positivos por los ahorros obtenidos.

Las pymes industriales deben invertir en bienes de capital que les aseguren:

- Niveles de calidad adecuados a las demandas de los mercados actuales y proyectados (ni más ni menos).

- Eficiencia en el uso de insumos (mayor rendimiento) y menor consumo energético.

- Eficiencia en las horas hombre aplicadas a la maquinaria.

- Eficiencia en la cantidad de piezas producidas por unidad de tiempo.

- Reducción del costo de mantenimiento preventivo y correctivo.

- Reducción del desperdicio productivo (*scrap*) y de los recursos destinados a "retrabajar" las piezas inadecuadas.

- Evitar la obsolescencia del parque de máquinas.

Todas las operaciones de la empresa deben estar orientadas hacia los objetivos que necesita cumplir.

¿Debo considerar esas inversiones a la hora de analizar la ganancia o rentabilidad de mi negocio? Hasta ahora mencionamos que el resultado neto me señala cuánto me queda de mis ventas, una vez descontados todos los gastos de explotación, para distribuir entre los propietarios o reinvertir en la empresa. Sin embargo, una medida más prudente aún –y utilizada por muchos inversores para evaluar el flujo anual de sus negocios– es deducir lo que el negocio deberá destinar invertir necesariamente en bienes de capital cada año, de manera que se asegure el normal funcionamiento a lo largo del tiempo. Incluso si en la empresa se decide no invertir en mantenimiento durante algún tiempo, tarde o temprano deberá hacerlo para no perder productividad, capacidad instalada o posicionamiento de mercado. Desde el capital físico a mantener, la empresa no debería retirar sus ganancias (distribuir las utilidades) sin antes reinvertir lo suficiente en el negocio a fin de asegurar la capacidad de la compañía para continuar con sus operaciones y evitar una descapitalización. Por este motivo, resulta prudente incorporar estas inversiones como un componente más a la hora de evaluar el flujo de fondos, especialmente cuando sé que una parte de ellos no quedará en la empresa.

En segundo lugar, las inversiones de una empresa en activos fijos necesitarán de capital de trabajo, casi con seguridad, porque es el capital necesario para operar normalmente. En mi negocio, el capital de trabajo es el dinero que pagué y todavía no pude cobrar, incluidos principalmente mis inventarios (pagados y pendientes de vender) y las cuentas a cobrar de mis clientes (mercadería o servicios vendidos a crédito pendientes de cobro). En términos operativos, aquella mercadería que recibo de proveedores que me vendieron a crédito es dinero que "aún no sale" de mi flujo y, por lo tanto, juega a mi favor. Entonces, el capital de trabajo operativo podría definirse como la suma de los inventarios y las cuentas por cobrar, restando las cuentas por pagar (deuda comercial).

Cada año necesito operar con un determinado nivel de capital inmovilizado por estos conceptos, dependiendo del tipo de negocio que tenga. Sin embargo, cada vez que mis ventas crecen, cada uno de estos componentes también lo hace (sin cambiar las condiciones comerciales). Por ejemplo, más venta implica más dinero en la calle, más inventario y más cuentas a pagar a mis proveedores[7]. Por este motivo, cada año el capital de trabajo puede no ser el mismo que el del año anterior, de modo que necesitaré más capital que no ingresará a mi flujo de fondos por tenerlo inmovilizado, o menos capital que inyectará dinero en el flujo. Esta variación de la deuda comercial también impacta sustancialmente en el flujo de fondos normal de mi empresa. En el Capítulo 6 veremos este concepto de tamaña importancia con mayor detalle.

---

7 Recordemos que: cuentas a cobrar y cuentas a pagar por lo general incluyen impuestos, mientras que los inventarios valorizados y las ventas no.

El resultado de los propietarios

Hasta aquí sabemos que el resultado neto del negocio me informa sobre la gestión del equipo de dirección en el gerenciamiento o administración de la empresa, de qué manera se retribuyó a los empleados, proveedores, acreedores de capital y Estado. También sabemos que este resultado es económico; es decir, no implica necesariamente que este dinero esté disponible en la empresa, eso dependerá de la política de cobros y pagos (perspectiva financiera). Solo en el caso de un negocio que cobra y paga todo al contado su resultado neto coincidiría con su flujo de fondos.

Decíamos que la empresa podría requerir de dos tipos de inversiones cada año, que pueden o no haber existido durante el año que se está analizando: inversiones en bienes de capital y en capital de trabajo. A partir de esto, sabemos que una parte del resultado neto irá a estas inversiones necesarias para garantizar el normal funcionamiento del negocio. Entonces, el resultado restante, ¿es lo que obtienen finalmente los propietarios del negocio?

Falta un detalle más. Para saber lo que en definitiva queda para los socios inversores es necesario descontar además la variación de la deuda no comercial (deuda financiera no incluida en el capital de trabajo). ¿Qué quiere decir? El último concepto que "pagará" el resultado restante será la variación de la deuda que la empresa mantiene con entidades financieras. Esta variación deja entrever si la deuda aumenta o disminuye con el tiempo. Un aumento de esta deuda implicaría un mayor ingreso de caja, dado que estoy tomando préstamos. Por el contrario, la disminución de la deuda implicaría que tuve que cancelar deuda y redujo la caja (dinero que retiré para pagar préstamos tomados).

En suma, el excedente obtenido luego de destinar el flujo necesario a inversiones en bienes de capital y capital de trabajo, y las variaciones de deuda del período, será el que quede a disposición de los propietarios para distribuirse, o para ser reinvertido en el negocio:

Resultado neto	**3.900**
Amortizaciones y depreciaciones[8]	500
Inversiones en bienes de capital	− 1.000
Variación del capital de trabajo	− 500
Variación de la deuda financiera	− 800
Resultado de los propietarios	**2.100**

El resultado o flujo de los propietarios es, finalmente, el ingreso que quedará en manos de los dueños. Hasta aquí los administradores y propietarios pueden saber cómo fue el flujo de ingresos y egresos del negocio durante un período de tiempo.

Finalmente, la estructura económica completa, considerando endeudamiento, quedaría como se muestra en la tabla de la página siguiente.

Los diferentes resultados (operativo, antes de impuestos, neto y de los propietarios) me informan diferentes cosas. La mirada del propietario de una pyme deberá posicionarse en los indicadores y ratios enfocados en monitorear los objetivos que desean alcanzarse. Para esto, puede diseñar indicadores sencillos pero útiles, a fin de comprender mejor la lectura y el avance de los resultados.

---

* Contablemente, se ajustan aquellos conceptos que no fueron una salida "real" de dinero.

	Año 1
Ventas	24.000
Costo de ventas	– 15.000
Resultado bruto	**9.000**
Gastos comerciales y administrativos	– 1.000
Gastos en investigación y desarrollo	0
Amortizaciones y depreciaciones	– 500
Resultado operativo (EBIT)	**7.500**
Gastos por intereses	– 1.500
Resultado antes de impuestos	**6.000**
Impuesto a las ganancias	– 2.100
Resultado Neto	**3.900**
Amortizaciones y depreciaciones	500
Inversiones en bienes de capital	– 1.000
Variación del capital de trabajo	– 500
Variación de la deuda financiera	– 800
Resultado de los propietarios	**2.100**

LOS TRES PILARES DEL NEGOCIO: GANANCIA, RETORNO Y LIQUIDEZ

Hasta aquí vimos cómo determinar los resultados económicos de nuestro negocio, los efectos económico y financiero del inventario, el endeudamiento y las inversiones en bienes de capital y capital de trabajo. En este capítulo nos enfocaremos en las virtudes de los tres puntos clave de gestión que combinan a la perfección los aspectos económico y financiero de nuestra pyme: la ganancia del negocio, el retorno sobre la inversión y el grado de liquidez.

1. Los márgenes de ganancia

El margen de ganancias, margen operativo o *EBIT Margin* (en inglés) es una de las medidas más ampliamente conocidas y utilizadas para determinar la utilidad o rentabilidad de un negocio en términos relativos (recordemos que muchas veces el concepto de rentabilidad se asocia a cuestiones financieras pero, en este caso, se trata de una medida netamente económica).

¿Cómo se calcula? Con una simple ratio (cociente o división) entre dos variables fundamentales: EBIT / ventas. Este valor, que comúnmente se expresa en porcentaje, me indica la relación existente entre las ventas y los costos para obtener el EBIT. Este indicador adquiere relevancia con el tiempo. ¿Cómo? Cuanto mayor sea la evolución de la ratio durante un período determinado mejor será mi situación, dado que podrían estar sucediendo varias cosas: las ventas están creciendo pero el nivel de costos se mantiene, las ventas no crecieron pero pude reducir costos durante el período, o ambas variables se modificaron positivamente: las ventas crecieron y los costos bajaron en dicho período. Por el contrario, una ratio que cae con el tiempo, me está indicando que mi situación está empeorando.

Tabla 3. Ejemplo *EBIT Margin*

	2019	2020
Ventas	100	100
(Costo de ventas)	<u>70</u>	<u>65</u>
Resultado bruto	30	35
(Gastos adm&com)	<u>10</u>	<u>10</u>
Resultado operativo - EBIT	20	25

En el ejemplo de la Tabla 3 observamos los resultados de una empresa durante dos ejercicios consecutivos. El EBIT en 2019 y 2020 fue de 20 y 25, respectivamente; sin embargo, a nivel resultado bruto también podemos determinar indicadores útiles para nuestro negocio. El margen bruto (resultado bruto / ventas) en 2019 fue del 30%

(30/100*100) y en 2020 del 35% (35/100*100). De esta forma, la tabla nos muestra una mejora interanual en la performance económica bruta. Si se observan bien las variables de este rendimiento, la empresa sostuvo el nivel de ventas pero logró disminuir sus costos. Esto podría deberse a una reducción en los costos de materia prima, mejoras en los procesos, menor utilización de insumos, inferior consumo de energía eléctrica en la producción, reducción de los costos de fabricación, mayor nivel de inventarios (analizado en el Capítulo 4), entre muchas otras cosas.

Descendiendo un escalón en la tabla, vemos que la empresa del ejemplo sostuvo el mismo nivel de gastos de estructura (gastos administrativos y comerciales) durante ambos años, por tanto, el margen EBIT mantiene la diferencia del margen bruto, aunque con valores menores:

Año 2019:

$$\textit{EBIT Margin} = \frac{20}{100} \times 100 = 20\%$$

Año 2020:

$$\textit{EBIT Margin} = \frac{25}{100} \times 100 = 25\%$$

Si se observa detenidamente la misma Tabla 3, puede apreciarse que los gastos comerciales y administrativos se llevaron casi un tercio del margen bruto. ¿Cómo es esto? De los 30 del resultado bruto del año 2019, 10 se destinaron a estos gastos, por lo tanto: 10/30 = 0,30*100 —> 30% (casi un tercio). Lo mismo para el año 2020, donde el resultado bruto fue de 35 y se destinaron a estos gastos también 10, por lo tanto: 10/35 = 0,28*100 —>28% (casi un tercio).

El margen de ganancia neta

El EBIT nos muestra los resultados operativos del negocio, es decir, el negocio puro. El resultado neto o ganancia neta, en cambio, es el beneficio o pérdida que obtengo una vez descontados los gastos de intereses, si la empresa se encuentra endeudada, y el impuesto corporativo correspondiente. Una vez descontados dichos gastos, obtenemos el resultado neto (Tabla 4), el cual podría tener diferentes destinos: o bien constituir el capital o las reservas de la empresa, o bien distribuirse a los dueños accionistas bajo la forma de dividendos.

El margen de ganancia neta o margen neto es una ratio entre la ganancia neta obtenida y las ventas necesarias para obtenerla. En pocas palabras: me dice qué porcentaje de las ventas finalmente se traduce en ganancias. Un margen neto del 10%, quiere decir que solo el 10% de las ventas es realmente ganancia para la empresa, ganancia que, como decíamos, será distribuida entre los socios o reinvertida. En la Tabla 4, el margen neto para el año 2019 es del 13% (13/100*100), y para el año 2020 es del 16% (16/100*100).

Sin embargo, es importante aclarar que la ganancia neta no incluye el capital de trabajo adicional que requeriría el negocio si crece, ni las decisiones de aumento o disminución del capital de deuda, ni las inversiones en activos fijos (maquinarias, rodados, etc.) que necesitaría el negocio para mantenerse competitivo[1]. Estos no son gastos históricos sino que dependen de otras decisiones que afectarán al futuro del negocio:

---

1 Dependiendo del modelo contable en que nos basemos, si el capital a mantener es físico o financiero, el concepto de ganancia puede verse afectado por las decisiones ulteriores de inversión para sostener el nivel de actividad.

aumentar las ventas, disminuir la deuda o invertir en bienes de capital, comenzando a operar componentes financieros.

¿Qué sucede si decidimos que un 20% de esta ganancia se destine a inversiones? Entonces, con criterio de prudencia, podríamos decir que la ganancia final en manos de los socios será en realidad menor que la ganancia neta (un 20% del 10% de las ventas implicaría que la ganancia final sea un 8% de las ventas). De la misma manera, pueden compararse diferentes negocios o unidades de negocio sin importar el tamaño, dado que se consideran en términos relativos.

Tabla 4. Ejemplo de ganancia neta o resultado neto.

	2019	2020
Ventas	100	100
(Costo de ventas)	70	65
Resultado bruto	30	35
(Gastos adm&com)	10	10
Resultado operativo - EBIT	20	25
(impuestos)	(7)	(9)
Resultado Neto	13	16

2. El retorno sobre la inversión

El segundo pilar que debemos considerar con mucha atención es el retorno sobre la inversión, directamente vinculado al pilar de ganancias. Para poder explicar el retorno obtenido sobre una cantidad determinada de capital invertido tenemos que hablar en términos de tiempo y, como ya sabemos, solo las finanzas contemplan el valor tiempo que tiene el dinero.

Decíamos en el Capítulo 2 que un peso hoy (o cualquier moneda) vale más que un peso dentro de un año. La porción del dinero que representa este mayor valor del dinero se denomina interés. El interés de una inversión contiene: el costo de oportunidad (la mejor alternativa de inversión que estoy desestimando), el costo por pérdida del poder adquisitivo del dinero (inflación) y los riesgos propios asociados a la inversión (probabilidad de impago, iliquidez, etc.).

Cuando invertimos dinero lo estamos inmovilizando, ya no podemos destinarlo a otros usos (costo de oportunidad) con la esperanza de obtener un rendimiento o beneficio futuro mayor al actual. Toda inversión funciona por la sola esperanza de obtener algo mejor en el futuro, hago un sacrificio hoy comprando y sembrando semillas porque estimo que levantaré cosechas con valores superiores a la inversión realizada.

Entonces, ¿cómo determino si esa inversión es positiva o no? La eficacia de la inversión puede medirse con diferentes indicadores, pero nos centraremos en el denominado ROCE[2] o retorno sobre el capital empleado. Lo llamaremos retorno sobre el capital para simplificar.

¿Cómo funciona? Si invierto \$100 hoy, y dentro de un año esa inversión me rendirá \$25, entonces puedo establecer en términos porcentuales de cuánto fue mi retorno anual: $25/100 = 0{,}25*100 = 25\%$. La lectura correcta es que obtuve un 25% de retorno sobre una inversión de \$100. Si la inflación durante el mismo período fue del 20%, entonces obtuve un 5% de interés real (positivo

---

2 *Return on Capital Employed* (retorno sobre el capital empleado).

aproximado)[3]. Esta unidad de medida relativa me permite observar si mi inversión alcanzó el rendimiento buscado para mantener el poder adquisitivo de mi moneda (rendimiento por encima de la inflación) y si fue mejor que otras inversiones con riesgos similares.

Ya sabemos que el beneficio obtenido en mi empresa viene dado por las ganancias o pérdidas del ejercicio. Aunque el EBIT o la ganancia neta son términos económicos (nada me dice sobre mi flujo de efectivo), me indican cuál fue mi beneficio o ganancia durante ese tiempo, que bien podría suponer fueron flujos financieros. Este será el componente del numerador del retorno.

Por otro lado, el componente de la inversión, el denominador del ROCE, está conformado por el valor del capital de trabajo sumando los activos fijos sin considerar las inversiones financieras que tenga en cartera. El valor del capital de trabajo está determinado por el inventario de materias primas, insumos y productos (en proceso, terminados y de reventa). A esto le sumo la parte de las ventas de los productos terminados o de reventa vendidas a crédito (cuentas a cobrar), y le resto las cuentas comerciales que esté adeudando al momento (cuentas a pagar a mis proveedores) teniendo cuidado con los componentes impositivos. De esta forma determino el valor del activo corriente, aquel capital inmovilizado necesario para operar en corto plazo. El activo fijo, en cambio, estará compuesto por todos los bienes de capital en mi poder, tangibles o intangibles: maquinaria, muebles, inmuebles, licencias, etc. La suma del valor del capital de trabajo y el activo fijo determina el valor de la inversión que hice,

---

3 Ecuación de Fisher: el interés nominal está compuesto por el interés real y la inflación; por tanto, para determinar el interés real debemos descontar la inflación esperada al interés nominal previsto.

como propietario, para poner en funcionamiento una estructura organizacional que me genere ganancias (EBIT). De esta forma, relaciono el EBIT directamente con la inversión que tuve que hacer para obtenerlo.

Es importante recordar que los accionistas o propietarios pueden tener todo su capital invertido en la empresa, o solo una parte y otra invertida en diferentes negocios o instrumentos financieros. Conociendo el retorno de cada inversión, pueden elegir dónde colocar su dinero para obtener los mayores beneficios. Este es el pensamiento inversor de asignación eficiente del capital. Si sus inversiones rendirán mejor en su empresa, decidirán no retirar sus ganancias al final de ejercicio, permitiendo que ella siga creciendo sin necesidad de endeudamiento con terceros (o disminuyendo esa necesidad). Si, por el contrario, observan mejores negocios en otros instrumentos (como depósitos a plazos fijos, fondos de inversión, fideicomisos financieros, obligaciones negociables, títulos del tesoro o del banco central, bonos públicos, acciones de otras empresas, etc.), buscarán la cartera o portafolio que mejor recompense los mayores riesgos de la inversión en la empresa con menores riesgos por parte de estos instrumentos, optimizando el binomio riesgo-rendimiento.

La manera de incorporar el pensamiento inversor es comprender que todo negocio es principalmente financiero. Si no existe un retorno adecuado y una rentabilidad que justifique el riesgo que se está asumiendo, el capital de los empresarios inversores migrará a otras inversiones que mejor compensen sus deseos y necesidades. Lamentablemente, en ocasiones suele ser más rentable el mercado financiero que la generación genuina de empleo que pone en riesgo el capital personal o familiar. Por esta razón, el emprendedor, empresario, propietario y/o accionista tiene una vocación y un afán de autorrealización que lo impulsa a gestionar proyectos y emprendimientos, más allá de la lógica financiera.

3. La liquidez del negocio

En el mundo de las finanzas corporativas suele afirmarse que el dinero es rey. Sin dinero no hay negocio, y sin negocio no hay dinero. Por este motivo, el empresario que piensa como inversor buscará saber cuál es la liquidez que genera realmente su firma, y qué decisión deberá tomar con esta información. Este es el tercer pilar de resultados de la empresa.

Si mi propio negocio no genera la caja suficiente, necesito saber con qué lo estoy financiando y si, por el contrario, genera demasiada caja, necesito saber hacia dónde voy a redirigir (o estoy redirigiendo) esos excedentes para mejorar mis rendimientos.

Una de las formas más sencillas y fáciles de saber si mi negocio genera liquidez en un momento determinado es utilizando una simple ratio entre dos variables. Se trata de un indicador llamado ratio de liquidez, que mide la capacidad de pago de mi negocio, y que consiste en dividir los componentes de mi capital de trabajo (recordamos que es a corto plazo):

$$\text{Ratio de liquidez} = \frac{\text{Caja + cuentas por cobrar + inventarios}}{\text{Cuentas por pagar + cargas previsionales + otros}}$$

Estos componentes son mi activo corriente (numerador) y mi pasivo corriente (denominador), en términos generales. En otras palabras, reviso cuánto dinero tengo y cuánto recibiré por las cuentas a cobrar de clientes y por vender el inventario, y lo divido por mis obligaciones a pagar a corto plazo, que son mis deudas comerciales con proveedores y otros pasivos. Si el número de la ratio es mayor que uno, quiere decir que mis disponibilidades de efectivo alcanzarán para cubrir las obligaciones operativas.

En todo caso, un valor por encima de uno es positivo y, obviamente, un número menor de uno me está informando que mis gastos corrientes son excesivos y que requeriré dinero para financiar las deudas de corto plazo. Sin embargo, la calidad de este indicador me lo da el grado de incertidumbre de cada componente; es decir, la probabilidad de transformar las cuentas a cobrar y los inventarios en dinero. Muchas veces, los inventarios requieren de tiempo para venderse y convertirse en efectivo, por tanto, un valor de uno podría ser un poco ajustado. Algunos autores recomiendan activos corrientes con valores de hasta dos y tres veces los pasivos corrientes.

Para obtener una visión más limpia aún, existe un indicador denominado prueba ácida o ratio de liquidez ácida, y consiste en desestimar los inventarios del cálculo, debido a su mayor grado de incertidumbre a la hora de convertirse en efectivo. Este indicador busca saber si nuestro negocio cuenta con la suficiente liquidez para hacer frente a las obligaciones más cercanas:

$$\textit{Ratio de liquidez ácida} = \frac{\text{Caja} + \text{cuentas por cobrar}}{\text{cuentas por pagar} + \text{cargas previsionales} + \text{otros}}$$

Es importante confeccionar estas ratios período a período para poder comparar su evolución y observar si la generación de liquidez (o su falta) es una constante en el negocio o si responde a ciclos donde tengo que tomar decisiones de financiación.

¿Qué sucede cuando un indicador es demasiado grande, cuatro, cinco o más? Esto me dice que en el corto plazo mis disponibilidades alcanzan y sobran con creces para cubrir las obligaciones. Si bien es una noticia agradable, desde el punto de vista financiero, estoy "perdiendo" oportunidades y tiene un costo. Cuando el dinero se encuentra quieto en mi cuenta (sin invertir y sin generar intereses para mí) pierdo por el paso del tiempo y la propia inflación; es decir, porque mi recurso pierde poder adquisitivo. Y, además, pierdo la oportunidad de invertir ese dinero y generar una renta adicional, lo cual es un lucro cesante. Dentro de los problemas financieros de un negocio, este es el tipo que todos queremos tener. Resulta de gran utilidad encontrar alternativas rentables para ese excedente, de manera que potencie los resultados de mi inversión.

La liquidez del negocio se observa también en el movimiento del dinero, representado por el flujo de fondos, otra herramienta indispensable para gerenciar con éxito los recursos monetarios, que determina si tengo escasez o exceso de fondos.

El flujo de fondos

Hablamos de liquidez cuando tenemos un flujo de fondos que entran y salen, movilizando todo el aparato productivo. Es el recorrido del aceite lubricante necesario para que el motor económico de la empresa funcione sin recalentarse.

El flujo de efectivo o flujo de fondos (*cash flow* en inglés) es una herramienta muy poderosa y necesaria para gestionar eficientemente mi negocio. Aunque pueda saber si soy rentable mediante un cuadro de resultados económicos (ventas menos gastos), esta información no me muestra si realmente estoy creando valor o no. En todo sentido, la actividad financiera es la que crea valor. De nada sirve un margen de ganancia del 30% real, si luego no puedo cobrar ni la mitad de mis ventas a crédito, o necesito endeudarme por completo para poder operar porque mis proveedores me piden que pague todo al contado. La creación de riqueza para los propietarios no se da con créditos dentro de la empresa (acumulando más y más inventarios en los depósitos) o puertas afuera (aumentado las cuentas a cobrar de los clientes para generar más ventas), sino con el ingreso de caja. En última instancia, un mayor inventario y una mayor cartera de créditos en la calle supondrán un aumento de ingresos de efectivo en el futuro, aunque no tenga certeza absoluta de eso. El ingreso de efectivo es la medida de retorno de los accionistas (sobre el dinero que invirtieron), y lo que les permite reinvertir y generar más valor. A efectos prácticos usamos el EBIT, pero la ganancia debe ser líquida. Por este motivo, el tercer y último pilar de control es la liquidez de mi negocio; es decir, la velocidad en que convertimos los activos no monetarios (inventarios o cuentas por cobrar) en efectivo, al menor costo posible. La liquidez del negocio estará determinada por mi flujo de fondos.

El estado del flujo de efectivo, comentado en el Capítulo 1, nos da una primera idea sobre los movimientos del efectivo durante un ejercicio fiscal; sin embargo no nos da una información dinámica y desagregada de forma clara y concisa. Entonces, ¿cómo podemos preparar un flujo de fondos? Toda actividad económica requiere de caja para comenzar a operar (efectivo, cuentas bancarias y cheques). La tenencia de caja al inicio de un período será mi saldo de inicio (1). Este es el dinero en mi poder para comenzar a trabajar. El siguiente paso es determinar mis ingresos operativos, estos son los ingresos de caja por las actividades normales y ordinarias del negocio (las cobranzas por ventas que tendré). Si vendí al contado, tendré un apartado de ventas al contado, y si vendí a crédito tendré otro apartado de ingresos en efectivo por ventas realizadas en meses anteriores pero que cobré en el presente mes.

Paso seguido, voy a determinar mis egresos operativos. Estas son las compras que tuve que pagar (independientemente de cuándo haya recibido la mercadería o el servicio) por actividades propias del negocio. Puede tratarse de materia prima, insumos de producción, servicios de limpieza, honorarios del estudio contable, útiles de oficina, etc. Son los gastos habituales propios de mi negocio y se consumen en un período corto. De la misma manera, puedo tener compras al contado y compras a crédito. Estos egresos también puedo separarlos en la estructura del flujo. La diferencia entre los ingresos operativos y los egresos operativos determina el flujo operativo (2).

1	Saldo de inicio		100
	+ Ingresos por ventas al contado	120	
	+ Ingresos por ventas a crédito	60	
	− Egresos por compras al contado	70	
	− Egresos por compras a crédito	30	
	− Impuestos y otros gastos	10	
2	Flujo operativo	70	
3	Sobrante / faltante de caja (1+2)		170

El flujo operativo (2) me dice si el dinero que ingresó por las operaciones normales cubrió las necesidades de pago del período. Cuando a este resultado le sumo el dinero que ya tenía, que es el saldo de inicio (1), puedo saber dónde estoy parado financieramente por actividades que son propias del negocio: si obtuve un saldo sobrante o faltante en mi caja (3).

En el ejemplo precedente, si comencé con un saldo de caja de $100, y mi flujo operativo me arrojó un resultado de $70, entonces obtengo un saldo positivo de caja de $170 ($100 + $70).

El siguiente paso para determinar el flujo de fondos de mi negocio es identificar los desembolsos por inversiones en activos fijos (bienes que estarán más de un año en nuestro poder). ¿Por qué debo separar estos pagos? Porque no constituyen desembolsos propios de las operaciones normales del negocio: no son operativos. Por ejemplo, el pago por la compra de una computadora de escritorio (siendo que no me dedico al comercio de computadoras) es un bien que tendré en mi poder por más de doce meses, quizás cinco años, entonces lo registro aquí. Lo mismo sucede con el pago por la compra de una máquina de producción, un galpón o el mobiliario de las oficinas; no son operaciones habituales de mi negocio, sino que son inversiones en activos fijos (4). Siempre y cuando haya tenido una salida de caja por este concepto, lo voy a registrar:

4	**Inversiones en activos fijos**		80

Finalmente, lo correspondiente a financiamiento o endeudamiento. Si solicité un préstamo a mi banco local y me transfirieron el importe a mi cuenta corriente (caja), ese ingreso financiero debo registrarlo. Lo mismo sucede si tuve que devolver préstamos (amortizar capital) recibidos en meses anteriores y, además, tuve que pagar los intereses correspondientes. Todos los componentes que implicaron un desembolso (pago) los registro en mi flujo. Continuando con el mismo ejemplo:

	+ Ingresos por préstamos	60	
	– Egresos por devolución	30	
	– Intereses pagados	5	
5	**Flujo financiero**	**25**	
6	**Saldo final (3-4+5)**		**115**

En suma, tomando mi sobrante de caja (3) y restándole las inversiones que desembolsé (4) y sumándole mi flujo financiero (5), puedo obtener el saldo final de mi flujo de fondos. Este saldo final será el saldo inicial del mes siguiente, volviendo a iniciar el ciclo mes a mes.

La administración de la liquidez a través de un flujo de fondos otorga muchas y variadas ventajas para mi empresa. Utilizando esta herramienta mensual y anualmente puedo saber:

- Cuál es la caja en mi poder al final de cada mes para afrontar los desembolsos del mes siguiente, dato esencial para planificar mis necesidades.
- Cuáles son mis ventas más importantes para potenciar mis políticas de venta: al contado o a crédito.
- Si hubo salidas de dinero poco habituales en mis compras mensuales. Las partidas del ejemplo fueron simplificadas en contado o crédito, pero puedo realizar tantas partidas como sean necesarias

dependiendo de mi negocio: compras de materia prima, insumos, servicios, honorarios, compras al exterior, etc. Enfocarme en las partidas más importantes me permite ver su evolución e impacto en el tiempo.

- Cuán regular es mi flujo operativo positivo, o si existe cierta estacionalidad donde el flujo es negativo y necesito apalancarlo con deuda. Esto es muy importante. Si el flujo operativo es negativo en varios períodos es probable que la estructura económica (EBIT) también sea negativa. En ese caso, no tengo que financiar nada sino más bien reducir gastos o aumentar ventas. En cambio, si el margen de ganancias operativas es positivo, entonces solamente estoy teniendo un desfasaje de ingresos contra egresos operativos (capital de trabajo) y debo financiarlo, esta deuda no es mala, sino necesaria.

- Cuándo tuve que desembolsar mis inversiones y cuánto representaron sobre el total de ventas. También pueden desagregarse en varias partidas: inversiones inmobiliarias, maquinaria de producción, etc.

- Cuál es mi *rollover* de deuda. En este sentido, significa cancelar deuda para volver a tomarla. En muchos casos puede convertirse en una necesidad continua y debe tratarse con el debido cuidado. El flujo de fondos permite ver cuán dependiente soy de mi deuda.

- Cómo voy a posicionarme en el futuro. Cuando conozco mi estructura económica (rentabilidad) y mi ciclo de efectivo (mi flujo habitual), puedo proyectar los ingresos y egresos futuros de acuerdo con mis estimaciones. Si bien es una actividad compleja, permite expandir la mente y visualizar muchas cosas que se nos escapan con la vista puesta en las actividades diarias.

- Mi cobertura de deuda. Mi resultado operativo me señala la diferencia entre mis ingresos y mis gastos operativos. Bajando aún más por la estructura del flujo, el único componente de gasto propiamente dicho que aparece son los intereses pagados (las inversiones y los movimientos del capital prestado no son gastos). Entonces, un indicador de cobertura de deuda que puedo considerar es: flujo operativo – intereses pagados. Si este binomio me da negativo durante varios períodos quiere decir que mi negocio, desde lo financiero, no soporta el pago de los gastos de su propia deuda. En este caso hay que tomar acciones inmediatas. Si es positivo, en cambio, no tengo problemas. También puedo saber el grado en que mis operaciones cubren sus gastos de deuda, haciendo una simple ratio: flujo operativo / intereses pagados. Siempre que el resultado sea mayor de uno no tendré problemas. Si el resultado es, supongamos 1,20, quiere decir que mis flujos operativos cubren los intereses de su propio endeudamiento y me queda un 20% de ingresos que me agregarán valor. Una ratio de 1,30 significa un 30% de excedente en mis ingresos.

La relación entre el flujo de fondos y la estructura económica (EBIT o resultado neto) es directa y simple. Una depende de la otra. Existen muchos índices, indicadores y ratios que puedo crear a partir de esta información, pero la idea no es recargar la lectura sino agilizar la administración del dinero con opciones sencillas pero importantes. Mientras más utilice el flujo de fondos, más lo aprendo y más ventajas le puedo sacar. Conociendo las variables más importantes que me afectan, monitoreando su evolución y proyectando escenarios, puedo administrar eficientemente la liquidez de mi negocio. Una vez más: la creación de valor no se da con márgenes de ganancia, rentabilidades o estanterías repletas de productos, sino con el dinero que efectivamente ingresa y retiene la empresa, aumentando la riqueza de los accionistas.

La liquidez es el pilar que mantiene balanceado el negocio (además de la ganancia y el retorno). Sin embargo, puedo optar por elegir de dónde provendrá el dinero que necesito. Cuando obtengo ganancias y retornos positivos y no tengo liquidez, puedo elegir entre financiarme con deuda o aportar dinero como propietario. En este sentido, la liquidez es el único pilar que puedo reemplazar con deuda.

¿Cómo conecta lo económico y lo financiero?

Decíamos que la liquidez depende de la estructura económica. Solo cuando realice una venta puedo pensar en cobrarla, y lo mismo con mis proveedores, luego de la compra viene el pago. Cuando se produce una diferencia temporal entre el momento en que compro la mercadería, la pago, vendo la mercadería con un margen, y la cobro, estoy viviendo una "separación" o desfasaje entre lo económico y lo financiero. Para acercar ambas orillas necesito un puente que una las estructuras: el capital de trabajo.

Un ejemplo permitirá aclarar mejor este concepto.

Tabla 5. Cuadro de resultado (estructura económica).

Cuadro de resultados	Enero	Febrero	Marzo		Total
Ventas	1.000	1.100	1.210		3.310
Costo mercadería vendida	–600	–660	–726		–1.986
Resultado bruto	400	440	484		1.324
Gastos del período	–100	–100	–100		–300
EBIT	300	340	384		**1.024**
Margen ganancia	30%	31%	32%		31%

En la Tabla 5 se muestra el cuadro económico de una empresa con una venta sencilla en enero de un solo producto por \$1.000, con un costo por esa venta de \$600 (no hay inventarios antes ni después de cada período), que arroja un resultado bruto de \$400. Estos \$400 contribuyen a pagar los gastos del período de \$100, para finalmente obtener un EBIT de \$300. Así, el margen de ganancia del EBIT será: 30/100 = 0,30*100 = 30%. La evolución de este trimestre permite observar un aumento de las ventas y, por lo tanto, un aumento proporcional en el costo de la mercadería vendida.

Además, los gastos del período se mantienen constantes (en este escenario se supone una inflación cercana a cero a fin de simplificar el ejemplo). Desde el punto netamente económico, la empresa obtiene un margen de ganancia importante (31%), lo cual, hasta acá, resultaría muy atractivo para los inversores. En un escenario ideal sin impuestos, y posicionándonos únicamente desde el lado económico, este EBIT de $1.024 como resultado del trimestre sería lo que los inversores reclamarían como dividendos (retribución a los socios propietarios). Sin embargo, antes de adelantarnos a emitir un juicio, necesitamos observar el lado financiero de este negocio.

Tabla 6. Flujo de caja. Escenario 1.

Flujo de caja	Enero	Febrero	Marzo		Total
Saldo inicial	0	900	1.300		
Cobranzas contado	1.000	1.100	1.210		3.310
Cobranzas a crédito (30 días)	0	0	0		0
Pago mercadería contado	0	0	0		0
Pago mercadería a crédito (30 días)	0	−600	−660		−1.260
Pago gastos del período	−100	−100	−100		−300
Retiros socios	0	0	0		0
Saldo final	900	1.300	1.750		**1.750**

En la Tabla 6 partimos de un flujo de fondos sencillo del mismo negocio con la estructura económica de la Tabla 5. Por un lado, nuestra caja (efectivo, cuentas bancarias y cheques) comienza en cero. El primer ingreso de efectivo del mes de enero lo obtenemos por la cobranza al contado de la venta de la mercadería de la Tabla 5. Luego de una oportuna negociación con el proveedor, este nos permite pagar al mes siguiente la mercadería de reventa que le compramos, así que no existen salidas de efectivo por este concepto durante enero ("pago mercadería"). Finalmente, los únicos gastos que la empresa debe abonar son los correspondientes al período enero de la Tabla 5 (que incluye luz, gas, alquiler del local, sueldos administrativos, etc., "pago gastos del período"). El saldo de caja del primer mes es de $900, que será el saldo inicial del mes siguiente, febrero. El resto de los meses comparten la misma política de cobros y pagos, por lo que el flujo final del trimestre es de $1.750 efectivo. ¿Por qué es mayor que el EBIT económico anterior? Porque durante el mes de marzo no tuve que pagar la mercadería de reventa al proveedor, por un valor de $726 (véase el costo de venta de marzo de la Tabla 5). En esta situación, estos $726 son la diferencia entre el saldo económico y el financiero.

Tabla 7. Flujo de caja. Escenario 2.

Flujo de caja	Enero	Febrero	Marzo		Total
Saldo inicial	0	300	640		
Cobranzas contado	1.000	1.100	1.210		3.310
Cobranzas a crédito (30 días)	0	0	0		0
Pago mercadería contado	–600	–660	–726		–1.986
Pago mercadería a crédito (30 días)		0	0		0
Pago gastos del período	–100	–100	–100		–300
Retiros socios	0	0	0		0
Saldo final	300	640	1.024		1.024

Pero no todo es tan fácil como parece. En la situación de la Tabla 7 (escenario 2), nuestro proveedor solicita que paguemos la mercadería al contado (ya no al mes siguiente). Esto cambia notablemente nuestro saldo financiero. Al pagar al contado al proveedor y cobrar al contado al cliente, se asemeja naturalmente al EBIT económico de $1.024. La diferencia con el escenario anterior (1) es que desde el primer mes debo pagar la mercadería de reventa al proveedor, el resto es igual. Esta es la situación en la cual el resultado económico de ganancias coincide con el resultado del flujo de fondos.

Tabla 8. Flujo de caja. Escenario 3.

Flujo de caja	Enero	Febrero	Marzo		Total
Saldo inicial	0	–700	–460		
Cobranzas contado	0	0	0		0
Cobranza a crédito (30 días)	0	1.000	1.100		2.100
Pago mercadería contado	–600	–660	–726		–1.986
Pago mercadería a crédito (30 días)	0	0	0		0
Pago gastos del período	–100	–100	–100		–300
Retiros socios	0	0	0		0
Saldo final	–700	–460	–186		–186

Para complicar aún más las cosas (Tabla 8, escenario 3), nuestro cliente nos dice que la única condición para generar la venta es otorgándole crédito a 30 días. En otras palabras, nos pagará la venta al mes siguiente. En esta situación, no tenemos ningún ingreso que nos permita afrontar el pago de la mercadería al proveedor ni los gastos de estructura, de manera tal que el saldo a cierre del mes será negativo (esto puede suceder si tengo un acuerdo con mi banco para operar con la cuenta corriente en descubierto, que se verá en el Capítulo 7). Mi saldo al final del trimestre será de –$186.

Tabla 9. Flujo de caja. Escenario 4.

Flujo de caja	Enero	Febrero	Marzo		Total
Saldo inicial	0	–1.000	–1.100		
Cobranzas contado	0	0	0		0
Cobranza a crédito (30 días)	0	1.000	1.100		2.100
Pago mercadería contado	–600	–660	–726		–1.986
Pago mercadería a crédito (30 días)		0	0		0
Pago gastos del período	–100	–100	–100		–300
Retiros socios	–300	–340	–384		–1.024
Saldo final	–1.000	–1.100	–1.210		–1.210

Por si lo anterior fuese poco, y basados en un EBIT económico positivo, los socios (Tabla 9, escenario 4) deciden retirar su "ganancia" económica (expuesta en la Tabla 5) como si fuese líquida; al final del trimestre el saldo de caja negativo se convierte en un asombroso y rotundo –$1.210.

¿Cómo llegué a convertir un negocio que parecía rentable en uno inviable financieramente? Si este último escenario resulta el más probable y solamente nos posicionamos en el lado financiero del negocio, todo indicaría que no nos conviene, que no es rentable y que, si decidiésemos llevarlo a cabo, acabaríamos destruyendo valor para nuestra empresa. Quizá este no sea el caso.

Cuando no podemos recibir la cobranza al contado de un cliente y nuestros proveedores tienen el suficiente poder de negociación como para pedirnos que nosotros sí les paguemos de inmediato, se produce un descalce financiero en nuestra caja: pagamos antes de poder recuperar el dinero. En efecto, no existe una pérdida porque sabemos que el negocio da una ganancia del 31%. Este descalce necesita ser financiado inmovilizando capital, ya sea con recursos propios o externos, y se denomina *capital de trabajo*.

Si estoy proyectando un negocio, como en este ejemplo, no solo tengo que conocer su estructura de pérdida o ganancia económica (EBIT), sino también cómo voy a cobrar a mis clientes y pagar a mis proveedores (reflejado en el flujo de fondos) para determinar el capital de trabajo que necesitaré. Esta es mi política de crédito. Si comienzo el negocio sin dinero en este último escenario (4), terminaré en un rojo contundente. En este caso, necesito inyectar dinero para financiar mi capital de trabajo el primer mes; es decir, voy a tomar prestado para pagar a mi proveedor por la mercadería, y al resto de proveedores y servicios por los gastos de estructura. En el ejemplo observamos que, una vez que cobre a mi cliente al mes siguiente, podré continuar operando normalmente porque mi situación se regularizará. Sin embargo, el dinero "inyectado" para el capital de trabajo no lo puedo retirar. ¿Por qué? Porque se transforma en parte de mi estructura financiera; una vez que se complete el primer ciclo, volveré a requerir ese dinero para el próximo ciclo. Ese capital se incrementará o disminuirá dependiendo de algunos factores, principalmente del nivel de ventas, lo que me obligará a financiar o des-financiar el capital invertido en cada período.

Recalcamos el principio del financiamiento operativo: si la estructura económica de ganancias y pérdidas

(EBIT) es negativa, en otras palabras, si el pilar ganancias es negativo, ni pienso en financiarlo. Esta es la primera y más importante afirmación, un EBIT negativo necesita ser corregido, ¡nunca financiarlo! ¿Cómo puedo corregirlo? Aumentando el precio de venta de mi producto, negociando un precio más bajo por mi mercadería, reduciendo la estructura administrativa, aumentando el rendimiento en el consumo de energía, mejorando los despachos, etc. Solo cuando obtenga un EBIT positivo y caiga en la cuenta de que necesitaré capital de trabajo puedo pensar en financiamiento. Este financiamiento puede concretarse con mis propios recursos, con reinversión de utilidades de la empresa desde otras unidades de negocios, o a través de bancos o instituciones financieras (en este caso se supone que la financiación con clientes y proveedores ya está agotada). El capital de trabajo es uno de los mayores peligros a la hora de diseñar un negocio o evaluar una inversión, dado que muy pocas veces se le otorga el lugar que merece y puede drenar temporalmente nuestro flujo de efectivo.

CAPÍTULO 6

EL CAPITAL DE TRABAJO Y SU EFECTO EN EL FLUJO DE FONDOS

El capital de trabajo operativo

Todo lo visto anteriormente resulta necesario para comprender que existe una relación directa entre la estructura económica de mi negocio (ganancias o pérdidas) y el flujo de fondos (estructura financiera o liquidez) que genera. Vimos que esta relación hace las veces de "puente" entre cada estructura, y se denomina capital de trabajo. Este capital de trabajo es el dinero que necesito inmovilizar para mis operaciones habituales, ordinarias y corrientes (con vencimiento menor a doce meses).

El dinero que requiere el capital de trabajo puede llegar a tener una gran incidencia en la rentabilidad final de mi negocio. Muchos investigadores han encontrado que la rentabilidad o ganancia se puede incrementar al reducir los días del ciclo de conversión del efectivo (el capital de trabajo en el tiempo). Por lo general, las empresas buscan este balance entre la liquidez que generan y la rentabilidad que obtienen. Por tanto, se dice que existe un *trade off*, equilibrio o balance entre la liquidez y la rentabilidad a fin de maximizar el valor de la firma. Dado que el capital de trabajo tiene un gran peso en el flujo de fondos y el flujo de fondos en la rentabilidad, es necesario poner un foco importante en este concepto particular.

Composición del capital de trabajo

Una manera demasiado sencilla y estática de definir el capital de trabajo operativo consiste en sumar todas mis disponibilidades o activos corrientes (efectivo, cuentas corrientes bancarias, cheques en cartera, créditos de clientes a cobrar, inversiones líquidas, inventarios o bienes de cambio, etc.) y restarle mis obligaciones o pasivos corrientes (cuentas de proveedores a pagar, sueldos y jornales, cargas sociales, etc.). La diferencia entre estos dos conceptos de corto plazo (corriente implica corto plazo, menor a doce meses) es mi capital de trabajo. En otras palabras, es el activo corriente que me queda luego de "cancelar" todo mi pasivo corriente. Además de sencilla, esta definición supone la improbable situación de cancelar todo el pasivo con el activo corriente. Si bien es importante para analizar la salud financiera de mi negocio (suelen usarse ratios entre activos y pasivos corrientes), deja de lado la dinámica real del capital de trabajo, al no considerar el factor tiempo.

El capital de trabajo operativo está compuesto por tres grandes rubros:

- Cuentas por cobrar: estas son las ventas que realicé a crédito y todavía no cobré. En un lenguaje coloquial, significa el dinero que tengo "en la calle". Son créditos a mi favor que cobraré al vencimiento de cada factura emitida.
- Inventarios: esto incluye todo concepto susceptible de ser "inventariado". En otras palabras, es el valor de todo lo que requiere administrarse con *stocks*. Puede incluir: la materia prima para producir, los insumos necesarios para el proceso, los productos en proceso de producción, los productos terminados, y los productos de reventa (aquellos comprados con la finalidad de venderlos posteriormente, sin que deban pasar por un proceso de transformación).
- Cuentas por pagar: estas son las compras que realicé a mis proveedores a crédito; es decir, que todavía no pagué. Son obligaciones que tengo con mis proveedores y deberé pagar al vencimiento de cada factura recibida.

Dado que las cuentas por pagar no amplían sino que reducen mi capital de trabajo, este queda determinado de la siguiente manera:

Cuentas por cobrar
+ Inventarios
− Cuentas por pagar
―――――――――――――
Capital de trabajo

El ciclo de conversión del efectivo

Los tres elementos del capital de trabajo cargan un efecto financiero inmenso en la estructura de cualquier negocio, y debe ser considerado cuidadosamente en nuestra pyme. Para pasar del plano económico al financiero, decíamos que necesitamos introducir el concepto de tiempo. Por este motivo, el capital de trabajo debe considerarse como una evolución del efectivo con el paso del tiempo, por lo cual, lo entendemos como un ciclo de conversión del efectivo (CCE).

Figura 1. Ejemplo de ciclo de conversión del efectivo.

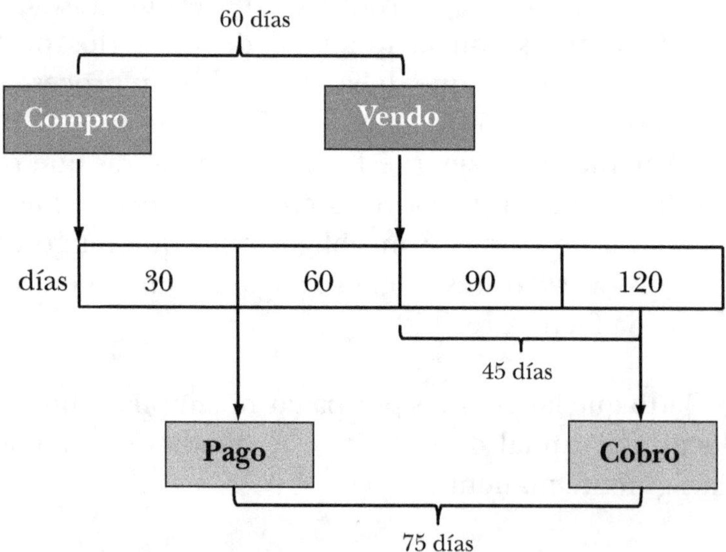

En la Figura 1 se presenta un resumen del CCE generado por el capital de trabajo considerando el factor tiempo. Cada celda en blanco representa 30 días (30 + 30 = 60; 60 + 30 = 90; 90 + 30 = 120). Las casillas oscuras corresponden a operaciones económicas, y las grises a financieras. Según este ejemplo, en el momento cero "compro" mercadería a mi proveedor y, luego de 60 días, la "vendo". Es decir, mi inventario es de 60 días (tiempo total en que la mercadería está en mi depósito). Acordado con mi proveedor, a los 30 días de la compra de la mercadería debo pagarla ("pago"), y, acordado con mi cliente, a los 45 días de la venta puedo cobrarla ("cobro"). Estas cuatro operaciones se ven representadas en el Figura 1 y se pueden expresar en unidades de tiempo:

- Días de inventario: es la diferencia entre el momento que vendí y el momento que compré: 60 días.
- Días de pago: es el tiempo desde que recibí la mercadería del proveedor hasta que le pagué: 30 días.
- Días de cobro: es el tiempo desde que vendí la mercadería al cliente hasta que finalmente la cobré: 45 días.

El CCE del capital de trabajo, expresado en unidades de tiempo, quedaría de la siguiente manera:

$$
\begin{aligned}
&+\ 60 \text{ días de inventario (mercadería)} \\
&+\ 45 \text{ días de cobro a cliente} \\
&-\ 30 \text{ días de pago a proveedores} \\
\hline
&\ 75 \text{ días ciclo de efectivo}
\end{aligned}
$$

Recapitulemos: primero, determino los días de inventario (todo lo que tengo en stock) y le sumo los días de crédito otorgados a mis clientes. Esto es dinero aún no monetizado, es decir, son mis créditos a convertir en dinero (cuando venda el inventario y cuando cobre a los clientes). A esto le resto lo que no es crédito, sino más bien obligaciones de pagar a mis proveedores, según el plazo de crédito que obtuve de ellos. Cuando esta diferencia entre créditos y obligaciones es positiva (es mayor el crédito que la obligación), representa un crédito a mi favor por dinero que aún no ingresó a mi flujo de caja, y que está "invertido" en mi negocio; por lo tanto, es dinero que aún no tengo. Si es dinero que no tengo, es dinero que necesito para operar: capital de trabajo.

En este ejemplo, necesitaría financiar 75 días de capital de trabajo o ciclo de conversión del efectivo, lo cual es mucho, dependiendo de la industria. Si no cuento con este capital en dinero, necesito financiación. Las pymes manufactureras, por lo general, poseen un gran capital de trabajo, dado que requieren tener *stock* de materia prima, producción en proceso y producto final. La situación se complica aún más cuando exportan, considerando el tiempo de navegación hasta el país de destino. Sumamos aún más capital si, una vez en su destino del exterior, tienen depósitos donde los clientes retiran sus productos. Y la situación todavía es más compleja cuando la materia prima que requieren debe ser importada por no producirse en el país. Como se observa, las empresas tienen diferentes niveles de capital de trabajo. La decisión de exportar o abrir centros de distribución tiene su efecto no solo en activos fijos sino también en un mayor capital de trabajo, que requerirá financiamiento. Mientras mayor sea el capital operativo, mayor será ese "crédito" inmovilizado que tarda en convertirse en dinero dentro del flujo de caja.

También puede suceder que mi capital de trabajo sea negativo. ¿Cómo es eso? Implica que no necesito de ningún dinero extra para operar normalmente con mi negocio, dado que me está ingresando primero dinero por mis ventas al contado y, después, me egresa dinero al pagar a mis proveedores. Un capital de trabajo negativo es beneficioso porque no necesito financiamiento extra para operar, no hay desfasajes negativos entre lo económico y lo financiero. Esto es común en determinados negocios que trabajan con ventas al contado y pagan a plazo a sus proveedores, como los comercios minoristas o supermercados.

CAPÍTULO 7

NECESITO FINANCIARME, ¿QUÉ HAGO?

¿Qué financio?

Muchas veces sabemos que necesitamos dinero pero no siempre sabemos para qué lo necesitamos. ¿Qué quiero financiar? Esta es la primera e imprescindible pregunta a responder antes de avanzar, es preciso que identifique el origen de la necesidad. En líneas generales, la necesidad de financiamiento surge de dos grandes requerimientos de la empresa que ya vimos:

- Capital de trabajo.
- Bienes de capital.

La principal distinción entre ambas demandas de dinero radica en el tiempo que cada una conlleva. Decíamos que el capital de trabajo contiene componentes o rubros que estarán en la empresa por un plazo menor de un año (activos corrientes), en cambio, los bienes de capital son rubros que estarán en el haber del negocio por un plazo mayor a un año (activos no corrientes). Este último concepto hace referencia a que no se trata de bienes o productos que compro para luego venderlos o comercializarlos (como los bienes de cambio), sino que son bienes que necesito adquirir e incorporarlos a mi estructura de negocio para que me ayuden a generar beneficios.

Un ejemplo ayudará a distinguir ambos conceptos. En una empresa distribuidora de bebidas, los bienes de cambio bien podrían ser las bebidas que se compran, venden y distribuyen a los comercios minoristas. Los bienes de capital (o bienes de uso) de esta empresa, por otro lado, pueden ser las camionetas utilizadas para la distribución, los autoelevadores, el galpón, las computadoras o una licencia exclusiva; en fin, los bienes tangibles o intangibles que necesito para generar beneficios.

Cuando me encuentro ante una necesidad de dinero, a no ser que se trate de algún problema de la empresa que no incumba al negocio propiamente dicho (pago de una indemnización, por ejemplo), casi con total seguridad se trata de un faltante de capital de trabajo. Esta es una de las principales causas de endeudamiento que requiere encontrar, comprender y definir las características propias de mi negocio: ¿cómo pago a mis proveedores?, ¿cuál es el ciclo de rotación de mis inventarios?, ¿cómo cobro a mis clientes?, ¿cómo funciona el flujo del efectivo? Cuando no logro cobrar a mis clientes antes de pagar a mis proveedores, y no cuento con dinero para sostenerlo, estoy ante una necesidad de capital de trabajo. Si la estructura económica me dice que el negocio tiene un margen de ganancias positivo, es probable que la solución solo sea inyectar dinero para que la rueda financiera gire. Si el negocio está en funcionamiento y tengo un crecimiento de mis ventas, también es probable que crezca mi capital de trabajo y, por lo tanto, necesite capital para financiarlo.

La adquisición de bienes de capital, en cambio, tiene varios matices. En líneas generales, las inversiones en bienes de capital pueden clasificarse en: inversiones de mantenimiento, de expansión o de crecimiento, e inversiones para optimizar costos, como vimos en el Capítulo 4. Dependiendo de la envergadura de la adquisición, el examen de categorías puede ramificarse ampliamente. La compra de un equipo de computación no requerirá demasiado análisis. Sin embargo, la compra de máquinas de producción, ampliación de una línea productiva, mudanza de la planta de fabricación a un parque industrial, ampliación de un ala de producción, apertura de un local o sucursal en otra ciudad, adquisición de nueva tecnología, acuerdos transitorios con otras empresas para grandes obras de construcción, instalación de una planta de tratamientos de efluentes, etc. son proyectos que deben ser evaluados cuidadosamente. Estos proyectos requerirán un control previo de factibilidad técnica, legal, social, económica y financiera por parte de la empresa, que comprenderá la situación actual del negocio, los objetivos y las perspectivas futuras. El endeudamiento para adquirir bienes de capital debe ser un traje a medida del proyecto.

Por ejemplo, cuando se adquiere una máquina productiva es necesario considerar muchas cosas. Si la tecnología no se produce en el país y es necesario importarla, ¿cuánto tardará el proveedor en fabricarla y enviarla?,

¿tengo que hacer un anticipo de dinero?, ¿se pagan derechos o aranceles de importación?, ¿cuáles impuestos de importación se recuperan y cuáles tienen un impacto financiero?, ¿cuál es el costo de adecuación de la planta y de la puesta en funcionamiento de la máquina?, ¿qué ventajas impositivas tengo?, ¿aumenta mi capacidad de producción, disminuye mi consumo de recursos e insumos, ambos o ninguno?, ¿en qué momento la máquina comenzará a generar ingresos?, ¿pueden calzarse esos ingresos con la devolución de la deuda? Un solo proyecto dispara un sinfín de interrogantes. Si bien no todos pueden y deben ser resueltos en el pre-proyecto, es necesario tener una idea integral de lo que se está invirtiendo y de cuándo me devolverá mi inversión, entre otras cosas.

En suma: puedo necesitar dinero tanto para capital de trabajo como para adquirir bienes de capital, y resulta muy importante identificarlo. Diferenciar correctamente el motivo de la necesidad de endeudamiento me ayudará a encontrar la alternativa de financiamiento que mejor se adapte a mis necesidades.

¿Cuándo me financio?

Dijimos que, una vez que reconozco la necesidad de dinero (proveniente de capital de trabajo o de bienes de capital) y las características principales de la necesidad, voy a requerir analizar el origen o motivo de esa necesidad. ¿Por qué? Existe una relación directa entre los resultados de mi negocio y la necesidad de financiamiento. Si mi negocio arroja ganancias (operativas o netas) pero mi ciclo de conversión del efectivo es muy largo, es probable que deba financiar mi capital de trabajo. En cambio, si obtengo ganancias y mi ciclo de conversión del efectivo juega a mi favor (cobro a mis clientes antes de pagar a mis proveedores), pero no me dan abasto las máquinas para producir lo que me piden, es probable que deba financiar la compra de bienes de capital (la maquinaria en este caso). Los resultados económicos (ganancias o pérdidas) son los que me darán la pauta para endeudarme o no.

En otras palabas, necesito que el pilar de ganancias de la empresa siempre sea positivo. Cuando analizo el resultado operativo (EBIT) o neto de la empresa, tengo que tener una proyección positiva de este resultado durante un cierto tiempo, acorde con la necesidad de capital. La idea que prima es que no debo financiarme si mi resultado económico es negativo (pérdida). Si fuese ese el caso, debo volver sobre mis pasos y reducir mis gastos o aumentar mis precios de venta. ¿Por qué? Porque un resultado negativo no se financia, solo se estaría apalancando (potenciando) ese resultado negativo, creando una imparable bola de nieve de deuda.

Resulta muy importante incluir también el pago de los intereses en la ecuación. Preciso garantizar, en mi estructura económica, que el negocio pueda solventar su propio endeudamiento. Para esto, adecuo el cuadro de resultados:

Ventas
(Costo de ventas)

Resultado bruto
(Gastos comerciales y administrativos)

Resultado operativo
(Intereses)

Resultado antes de impuestos

Solo cuando los dos primeros pilares me dan positivo (ganancia y retorno) y observo que no tengo suficiente liquidez, pienso realmente en financiarme, a fin de obtener beneficios apalancados.

El calce temporal de la financiación

Recordamos siempre que el factor que rige sobre las finanzas es el tiempo. Decíamos que la distinción entre el capital de trabajo y los bienes de capital es justamente el tiempo; por tanto, la financiación debe seguir a la inversión. ¿Cómo es esto? Una correcta financiación consiste en calzar temporalmente la necesidad con la fuente. El capital de trabajo lo voy a financiar con deuda que coincida o calce con el tiempo del ciclo de efectivo de mi operación o negocio. Los bienes de capital serán financiados con deuda a mayor plazo, que calce con la duración de esos bienes. Si mi ciclo de efectivo es de seis meses, puedo buscar una deuda por ese lapso. Por el contrario, si necesito comprar una computadora, no estaría mal buscar endeudamiento por un plazo de cinco años, que es el término normal de depreciación de un equipo de computación. La vida útil habitual de una máquina de producción es de diez años, y para ella correspondería un crédito por un plazo similar (más allá de las disponibilidades de crédito en el mercado financiero). La cuestión del tiempo obedece a conocer mi capacidad de repago de la deuda (amortización o devolución del capital más el interés). Es importante tener en cuenta la generación de flujos de lo que voy a financiar.

¿Con qué me financio?

Hasta aquí sabemos el origen de la necesidad y el plazo, ahora bien, ¿con qué podemos financiarnos? Si bien lo primero que se nos viene a la mente es el financiamiento bancario o externo en calidad de préstamo, las alternativas son muchas y variadas. Puede hacerse a través de proveedores y clientes, por ejemplo, y resultar muy práctico a la hora de aprovechar oportunidades, una vez que conocemos los costos implícitos y las particularidades. Recordemos que se trata de una deuda comercial con plazo corto o muy corto.

Una de las formas más sencillas y económicas de financiarme es con mis proveedores. Por ejemplo, puedo recurrir a mi proveedor para solicitarle crédito en mis compras de materia prima. Esto reduciría el tiempo del ciclo de conversión del efectivo (capital de trabajo). Por otro lado, puedo obtener un descuento sobre el costo si pago de manera anticipada. Si bien en este caso alargaría mi ciclo de efectivo, el descuento en la compra puede resultar una mejor opción que financiarme a plazo con un crédito bancario. Este endeudamiento comercial con mi proveedor por una compra a plazo pasaría a formar parte de mis deudas comerciales, bajo el nombre de cuentas a pagar (pasivo). El costo de este rubro podría ser nulo, o considerarse el lucro cesante por perder un descuento del proveedor. Es importante saber que muchas veces pagamos precios mayores dado que ellos contienen costos financieros aparentemente ocultos. Si negociamos un plazo de pago (crédito comercial) con nuestro proveedor, es probable que nos aumente el precio de venta para trasladarnos no solo el incremento de los costos de sus factores sino también los costos financieros por el mayor plazo, situación común en contextos inflacionarios. La normativa contable de muchos países exige la llamada "segregación de componentes financieros implícitos", la que significa establecer un precio de venta al contado y uno a plazo, no siempre aplicable.

De la misma manera, también puedo financiarme con mis clientes cuando solicito un pago anticipado (antes de la entrega de la mercadería o la prestación de mi servicio). Es una práctica común para clientes sobre los cuales se desconoce su riesgo crediticio, o si es necesario adquirir materiales que no suelen inventariarse para comenzar con un proceso productivo a medida, por ejemplo. La cuenta de anticipos de clientes también formará parte de mi pasivo (es una obligación de dar o hacer). El costo de esta fuente podría ser nulo o, si fuese el caso, el costo de otorgarle un descuento al cliente por pago anticipado.

Una vez agotadas las instancias más simples y menos riesgosas, podemos analizar otras alternativas de financiación. Para entender cuál es la que mejor se adapta a las necesidades de nuestra pyme, vamos a apoyarnos nuevamente en la teoría financiera para analizar nuestras opciones, así como los pros y los contras de cada una a la hora de elegir. Podemos hablar de dos posiciones de pensamiento en franca oposición, los que están a favor de:

- los fondos propios;
- la deuda con terceros.

Criterios a favor de los fondos propios

Las posturas a favor de la utilización de fondos propios como principal y primera fuente de financiamiento[1] sostienen que las pymes siempre preferirán el financiamiento interno antes que recurrir al externo. Esto implica utilizar recursos propios en vez de una deuda con terceros o emitir acciones (la mayor parte del universo pyme queda fuera de esta última opción). Según los defensores de esta postura, podría deberse a que: los administradores de las pymes prefieren mantener el control sobre los negocios sin involucrar a terceros, las pymes no cuentan con información financiera confiable, transparente y auditada (aparte de insuficientes activos físicos y alta volatilidad de sus ingresos), obligando a las entidades de crédito a limitarles sustancialmente el acceso al crédito o a pedir importantes garantías[2], o porque el costo financiero aumenta cuanto mayor es la falta de información con que cuentan quienes prestan el capital, de acuerdo con el riesgo que están asumiendo[3]. Esta teoría se posiciona desde el lugar de los administradores para evaluar sus perspectivas. Según los datos relevados en los últimos años en diversos países, este parecería ser el modelo más utilizado en la práctica por las pymes, sin considerar el nivel de conciencia sobre los costos que estas puedan tener.

Entonces, ¿cómo aplica esto a mi negocio? Más allá de la teoría, necesito tener bien presente las características principales de las fuentes habituales de finan-

---

1 Teoría de la jerarquía de preferencias, o *Pecking Order Theory* en inglés.

2 Asimetría de la información en forma de selección adversa y riesgo moral.

3 Estas diferencias de intereses producen problemas de agencia entre los bancos (principal) y las pymes (agentes).

ciamiento para saber cómo utilizarlas cuando me sean convenientes:

1. Ganancia propia del negocio (crecimiento autosustentable)

Dijimos que los resultados de una empresa al finalizar el año (ejercicio fiscal), pueden separarse en tres grandes decisiones: permanecer en la empresa, repartirse en dividendos entre los socios o ambos. Cuando la empresa retiene las ganancias y no las distribuye, permite un crecimiento genuino de sus negocios, disminuyendo o eliminando la necesidad de financiamiento. Por este motivo se lo denomina crecimiento autosustentable. Sin embargo, desde el punto de vista financiero, esta fuente de financiamiento representa un costo mayor que el simple endeudamiento con terceros. Desde la óptica de los accionistas o propietarios, existirá un costo de oportunidad por la mejor opción de inversión que están dejando de lado al retener las ganancias en la empresa. En las grandes corporaciones suele asumirse que los administradores del negocio saben mejor que los accionistas dónde deben invertir sus ganancias y, por lo tanto, suelen no repartir dividendos.

2. Deuda bancaria

Dentro de las fuentes externas de endeudamiento, la deuda bancaria es una de las más riesgosas y requiere conocer algunos detalles importantes. La instrumentación de la deuda con entidades bancarias y otras instituciones financieras puede formalizarse a través de diferentes productos:

Préstamos

Una forma muy habitual de obtener capital es mediante préstamos bancarios. El banco nos entrega el capital en dinero solicitado por nosotros, con la obligación de devolverlo en un plazo determinado, obligándonos a abonar un interés por su uso. Según el costo y el riesgo en juego, el banco nos cobra ese interés por el servicio de la deuda. Este interés representará para nosotros un gasto, junto con los gastos de otorgamiento, impuestos, seguros y sellados. Ese interés estará constituido por una tasa que puede expresarse de muchas maneras, pero la más habitual y básica es a través de la tasa nominal anual (TNA). La TNA es una tasa limpia de todo concepto de gasto, solamente incluye el interés anual sin capitalizaciones intermedias. Por este motivo, la TNA es útil para comparar la oferta de precios entre bancos, porque solo se compara el interés que cobra cada uno de ellos sin gastos ni formas de amortización o devolución del capital. Por eso suele decirse que la TNA es la tasa de promoción del banco, la que figura en grilla; sin embargo, no es la tasa que finalmente pagaremos, sino que la "real" será mayor en la medida que incorporemos el efecto del interés compuesto (tasa efectiva) al capitalizar con mayor frecuencia dentro del período de la tasa nominal. Es decir, mientras más capitalizaciones intermedias tengamos, mayor será la tasa efectiva a pagar. Al sumar a esta tasa efectiva todos los gastos de la operación que antes mencionamos, obtendremos el costo financiero total (CFT), que es el costo que finalmente pagaremos. Por otro lado, el banco puede ofrecer diversas formas de amortización o devolución del capital prestado. Este es otro concepto importante, dado que tendrá en cuenta nuestra capacidad de repago de la deuda, y afectará el interés total que pagaremos por el uso del capital en el tiempo. Recordamos que pagamos intereses sobre el capital que tenemos en nuestro poder y aún no devuelto al banco (pendiente de amortizar). Finalmente, la duración es la tercera variable de los préstamos, la cual debe tener perfecta consonancia con el origen de la necesidad que estamos satisfaciendo con la deuda.

Tipos y formas de préstamos

- Préstamos en pesos para capital de trabajo. El objeto principal de estos préstamos es financiar a corto plazo el capital de trabajo para adquirir materia prima, pagar mano de obra directa, mantener el inventario, entregar los productos al cliente y otorgar crédito comercial. Es necesario identificar si se trata de un préstamo para sustentar operaciones habituales o para apuntalar una nueva venta o proyección de crecimiento.
- Líneas productivas. En algunos casos, los bancos disponen de líneas específicas para inversiones productivas en bienes de capital y, en ocasiones, subsidiadas por alguna entidad u organismo del Estado. Estas líneas tienen la particularidad de contar con tasas reducidas y con plazos acordes con el objetivo a financiar. Debido a que el mayor plazo de estos créditos (por bienes que estarán más de un año en nuestra empresa) representa un riesgo más elevado para el prestamista, por lo general estas solicitudes suelen estar acompañadas de una presentación formal del proyecto a financiar, con descripción del modelo de negocio y una proyec-

ción del flujo de fondos sujeto a la duración de la financiación.

- Descuento de cheques. Otra forma habitual de financiación de nuestro capital de trabajo es a través del descuento de cheques. Cuando recibimos de nuestros clientes cheques de plazo diferido, podemos pagar a proveedores (cuando el sistema de endosos lo permite) o descontar o vender esos cheques al banco o entidad financiera con la cual trabajamos para hacernos del dinero de forma anticipada. Esta venta de cheques se pacta con una tasa de descuento. ¿Cómo funciona? Entrego (cedo derechos) a la entidad el cheque con plazo de cobro diferido que quiero vender (a cobrar en 60 días, por ejemplo) y ella me transfiere el dinero a mi cuenta, pero por un importe menor. La diferencia entre el valor nominal del cheque y el dinero que recibo 60 días antes del vencimiento es el interés pagado (gasto) por el anticipo del banco.
- Acuerdos transitorios en cuenta corriente. Es una modalidad muy utilizada por las pymes, no funciona contra una entrega de dinero sino con el derecho de hacer uso del dinero del banco ante una necesidad transitoria. Se utiliza en situaciones donde precisamos contar con dinero sin previo aviso; por ejemplo, cuando no puedo hacer frente a la presentación de un cheque que libré. El banco me presta ese dinero a la presentación del cobro evitando que mi cheque sea rechazado (rebote). El costo de estos acuerdos es superior al de un préstamo normal, dado que no se le comunica al banco con anticipación la necesidad del dinero inmediato. Por lo tanto, hay que tener cuidado con

su uso desmedido y utilizarlo solo en situaciones que lo justifiquen.

- *Factoring* o securitización. Esta herramienta de financiamiento consiste en vender créditos a cobrar antes del vencimiento a fin de obtener el dinero anticipado pagando un interés por descuento, de forma similar al descuento de cheques. Estos créditos pueden estar instrumentados mediante facturas comerciales: vendo a crédito a mis clientes y, en lugar de esperar el vencimiento de las facturas para cobrarlas, cedo el derecho de cobro al banco para poder recibir el dinero anticipadamente. El banco me "compra" la factura y me deposita un importe menor a su valor nominal; esta diferencia es el interés por el cobro anticipado. Por lo tanto, dispondré de dinero inmediato mientras el banco se encarga de cobrar al cliente una vez vencido el plazo de la factura. En estos casos, se califica el riesgo crediticio de la empresa pero especialmente de los clientes.

3. Aportes de los dueños

La siguiente fuente de financiamiento a la que suelen recurrir los administradores de las empresas son los propios accionistas, aunque es una de las fuentes más caras de financiamiento. ¿Por qué? Porque para los propietarios el riesgo de tener todo o gran parte de su capital invertido en un solo negocio es mucho mayor que para el banco, que solo tiene préstamos avalados con garantías personales o reales. En una situación de cesación de pagos, los bancos y otros acreedores cobran primero, y los accionistas son los últimos. Por este motivo, a mayor riesgo, mayor es el costo, y más elevada será la tasa que demandarán los propietarios. Como en este caso el costo no es directo, se lo considera un costo de oportunidad. Como decíamos antes, se analiza la mejor alternativa que estarían dejando de lado los accionistas por invertir en la empresa. Este costo se compara con el rendimiento de otros activos con riesgos similares.

4. Emisión de acciones

La emisión de acciones por parte de empresas con oferta pública (capital abierto) es la última fuente de financiamiento a la cual recurrirán los administradores de una compañía. Esto responde a la percepción negativa que podría tener el mercado respecto a los motivos de una nueva emisión de acciones, y a la falta de control que puedan tener los administradores sobre esa situación. La mayoría de las pymes no se encuentra en esta situación, por lo tanto, dejaremos este tema de lado.

Consideraciones sobre los bancos

El universo de los bancos es muy amplio, entonces ¿qué necesito saber? Cuando comienzo a operar con bancos de manera habitual puedo acceder a una calificación crediticia. Esta calificación me la otorgan una vez que los analistas de riesgos del banco examinan mis resultados económicos y financieros, mi conducta impositiva y previsional, perspectivas del negocio y la industria, riesgos personales, familiares, sucesorios, etc. y determinan cuál es la cantidad de crédito que el banco estaría dispuesto a dar a mi empresa. Una vez que el comité del banco aprueba la calificación, puedo comenzar a operar normalmente por el plazo que determine esa calificación.

Esta puede instrumentarse en diferentes formas: en préstamos en moneda local, en moneda extranjera, para capital de trabajo, para descuento de cheques, acuerdos en cuenta corriente, etc.

¿Por qué el banco presta dinero? Necesitamos entender que la prestación de capital es la actividad principal de los bancos, y la cobran a través de la denominada tasa activa, una de sus primeras fuentes de ingresos (junto con las comisiones y otros productos financieros). Por el contrario, la tasa pasiva es la que el banco paga para fondearse o recibir dinero del mercado (como los depósitos a plazos fijos o fondos de inversión). El banco puede elegir (según la normativa de la entidad central que lo regula) dónde colocar sus inversiones, a qué riesgo y con qué rendimiento. Cuando el banco nos presta dinero invierte en nosotros y está dejando de lado otra opción, asume un costo de oportunidad y un riesgo por la pérdida del poder adquisitivo del dinero durante el plazo de duración del crédito o préstamo. Para el banco, el riesgo implica que nosotros no tengamos la suficiente solvencia para devolver el capital a su vencimiento y, además, que las condiciones macroeconómicas no permitan cancelar la operación (especialmente cuando el préstamo es en divisas). Por eso, el banco traslada al prestamista (nosotros) el costo a través de una tasa de interés ajustada por todo ese riesgo. El interés que pagaremos con la devolución del capital prestado es un gasto para nosotros, junto con los de otorgamiento del crédito, seguro y sellado.

Sabemos entonces que la actividad principal del banco es la de prestar dinero para luego recuperarlo, volver a prestarlo y volver a recuperarlo, y cobrar un interés por todos esos procesos. Por eso, el banco necesita generar negocios con empresas de bajo riesgo. Nuestra posición, como empresa, es convencer a las entidades financieras de que nuestro negocio es sólido y firme, con perspectivas futuras favorables y que les sería provechoso desarrollar una relación comercial a largo plazo. Así como no prestaríamos dinero a alguien que no sabemos si lo podrá devolver, tampoco lo haría el banco con nosotros. Si nuestro negocio muestra indicios de un endeudamiento mucho mayor que el patrimonio social (pasivo mucho mayor que el patrimonio neto), esto significa un riesgo para el banco, lo que origina una mayor tasa de interés o, simplemente, un recorte en la calificación crediticia. No olvidemos que los bancos son personas, oficiales, gerentes, etc. y que nuestro oficial de crédito necesita hacer negocios, sin exponerse al peligro de no poder recuperar el dinero prestado. La confianza es fundamental en los negocios, mucho más en los financieros.

El rol creciente de las SGR

Un nuevo actor del sistema económico viene irrumpiendo en escena cada año con mayor presencia, se trata de las sociedades de garantía recíproca (SGR). Estas sociedades no prestan dinero, sino que avalan empresas, proyectos de inversión o cadenas de valor, y están compuestas por dos tipos de socios: los socios protectores, que aportan capital para constituir un fondo de riesgo y reciben a su vez ventajas impositivas al cumplir con determinados requisitos, y los socios partícipes, que son las empresas (pymes) que reciben el servicio de la garantía.

¿Qué hacen realmente? Las SGRs califican una empresa o proyecto que requiere ser financiado y, si lo encuentran viable, lo avalan para que pueda recibir financiamiento de una institución financiera o para mejorar las condiciones de financiamiento. Esto es especialmente útil para las empresas jóvenes que no pueden acceder a una calificación bancaria o aquellas empresas cuya calificación no les permite acceder a los montos que necesitan, o para bajar puntos porcentuales de una tasa de interés bancaria (dado que se reduce el riesgo de la empresa o proyecto al contar con el aval de la SGR), o para extender plazos de créditos, entre muchas otras propuestas de valor.

Además, con la intervención de una sociedad o agente de bolsa, las SGR permiten avalar instrumentos como órdenes u obligaciones de pago para que sean comercializadas en los mercados. Los cheques de pago diferido, propios o de terceros, son valores a cobrar a plazo, y pueden ser avalados por la SGR y comercializados en el mercado de capitales a través de un agente del mercado. De esta manera, la empresa avalada obtiene dinero de manera anticipada por un valor inferior al valor nominal del cheque. Esta herramienta se aplica tanto a cheques como a pagarés bursátiles, y no solo beneficia a la pyme avalada, sino también a toda la cadena de valor (pequeños clientes y proveedores de una gran empresa), cuidando la salud financiera y mejorando la cadena de pagos de sus individuos. De la misma manera, las obligaciones negociables con aval de la SGR están ganando terreno en el mercado, con bajos costos de estructuración y menos requisitos para su implementación.

Criterios a favor del endeudamiento con terceros

Continuando con el segundo punto de vista sobre las fuentes de financiamiento, las posturas que se inclinan a favor del endeudamiento con terceros[4] sostienen que las pymes deberían endeudarse hasta el punto en que el beneficio generado por el ahorro fiscal ya no compensa el riesgo de quiebra que la pyme está asumiendo ante los bancos. En este punto óptimo de deuda, las empresas maximizan su valor. En otras palabras: es bueno endeudarse pero hasta cierto nivel.

El aspecto importante de esta postura radica en conocer, de la mejor manera, tanto los beneficios impositivos que puedan obtenerse, como los costos por incumplimiento de pagos o quiebra que podría generar una excesiva deuda en una pyme.

Los beneficios del financiamiento

Suele creerse que la gestión o actividad de financiamiento de las empresas consiste en sacar un crédito a una buena tasa, y devolverlo al banco en tiempo y forma. Sin embargo, una buena gestión financiera tiene un objetivo mucho más amplio: debe lograr aumentar el valor de la empresa a través de dos mecanismos:

1. el apalancamiento financiero;
2. el escudo fiscal.

El apalancamiento financiero (1) es un concepto muy importante y debe ser considerado siempre que se piense en financiar una operación. ¿En qué consiste? En mejorar el segundo pilar visto anteriormente: el retorno de mi negocio. Sabemos que el retorno radica en la rela-

---

4 *Trade-off Theory of Capital Structure.*

ción entre el beneficio que me arroja una inversión y el capital que puse a disposición para obtenerlo. El cociente entre ambos factores, en porcentaje, me indica la proporción de retorno de mi inversión. El apalancamiento consiste en usar una cantidad menor de mi propio capital y utilizar deuda para el resto. Cuando analizo la misma ratio, al poner a disposición un capital propio menor (el denominador del cociente), el porcentaje de retorno aumenta.

Figura 2. Ejemplo de apalancamiento financiero.

		Opción sin financiamiento	Opción con financiamiento
Rentabilidad esperada		40%	40%
Interés préstamo		30%	30%
Estructura de capital:			
Capital propio		100.000	50.000
Préstamo (externo)		–	50.000
Capital total		**100.000**	**100.000**
Cuadro de resultados:			
Ingresos	(40%*100.000)	40.000	40.000
Costo intereses	(30%*50.000)		–15.000
Resultado		40.000	25.000
Retorno s/ capital propio		**40%**	**50%**

Como se observa en la Figura 2, en la opción sin financiamiento, se invierten 100.000 (capital propio) y se obtiene un beneficio de 40.000 (40% de rentabilidad), por tanto, el retorno resultante es del 40% (40.000 / 100.000 x 100). En cambio, cuando se recurre a financiar el 50% del capital, es decir, invirtiendo solo 50.000

de capital propio, el beneficio obtenido resulta menor al descontarle los intereses a pagar por la deuda (40.000 – 15.000 = 25.000). Sin embargo, en relación al capital invertido, el retorno aumentó (del 40 al 50%). Esto me permite utilizar los otros 50.000 sobrantes de mi capital (reemplazados por deuda) en otro negocio igualmente rentable, apalancarlo, y obtener otro 50% de beneficio. En teoría esto funciona así, solamente hay tener cuidado en considerar algunas restricciones que veremos en el apartado de los riesgos del financiamiento.

El segundo punto que agrega valor al negocio es el escudo fiscal (2). ¿En qué consiste? Dado que los intereses por préstamos financieros se descuentan del pago al impuesto a las ganancias (impuesto corporativo), obtenemos un beneficio por la reducción del impuesto solo por endeudarnos. Es decir, en la situación de una empresa sin deuda, el impuesto a pagar es mayor que el de una empresa con deuda, ya que en esta última existe un ahorro producido por el menor impuesto.

Este simple hecho, que nace de la teoría de los economistas Modigliani y Miller[5], resultó en uno de los fundamentos principales de las finanzas corporativas. Es tan importante que incluso un sistema de valuación de empresas en marcha está basado en conocer el valor actual de los activos que generan beneficios y sumarle el valor actualizado del ahorro generado por el escudo fiscal de la deuda[6].

El siguiente ejemplo nos ayudará a clarificarlo:

---

5 En sus proposiciones incorporando las fallas o imperfecciones de mercados.
6 *Adjusted Present Value* o Valor Presente Ajustado.

Cuadro de resultados:	Empresa con deuda	Empresa sin deuda
EBIT	1.000	1.000
- Intereses financieros	−100	0
Resultado antes de impuestos	**900**	**1.000**
- Impuesto corporativo (Tc) (35%)	−315	−350
Utilidad	**585**	**650**

Como se observa en el ejemplo precedente, la empresa con deuda obtiene un resultado antes de impuestos menor que la empresa sin deuda (900 y 1.000, respectivamente). Sin embargo, al calcular el impuesto corporativo, la empresa con deuda termina pagando un impuesto menor que la empresa sin deuda (315 y 350, respectivamente). Entonces, dado que el importe que realmente paga esta última por el impuesto es menor, está generando un ahorro impositivo o escudo fiscal de 35 (350-315). Desagregando la información obtenemos:

Deuda tomada:	
Capital tomado	500
Interés financiero: 20%	−100
Ahorro en impuesto corporativo	35
Interés "real" pagado luego del ahorro (−100+35)	−65
Tasa real de la deuda (65/500)	13%
Cálculo directo de la tasa de deuda:	
Tasa interés * (1-Tasa IIGG) *(la tasa de interés se reduce)*	13%
Ahorro fiscal: reducción de la tasa de la deuda	
Interés deuda * imp. corporativo (20%*35%)	7%

¿Qué quiere decir todo esto? Aunque la tasa de interés de la deuda del ejemplo es del 20% (500 x 20% = 100 de interés), el interés que realmente paga la empresa que decide endeudarse es menor; por lo tanto, la tasa de interés del financiamiento también se reduce por el efecto impositivo (65/500 = 0,13 —> 13%). En suma, el escudo fiscal obtenido al descontar los intereses del impuesto a las ganancias generará un ahorro de la tasa de interés de la deuda del 7%: (20%*35%) o (20%-13%). Es decir, el costo de capital de la pyme disminuye a medida que se endeuda.

Los riesgos del financiamiento

Así como la gestión del financiamiento tiene beneficios importantes que agregan valor al negocio, siempre existen riesgos que debemos considerar antes de tomar la decisión de endeudarnos con terceros. Decíamos que la deuda genera beneficios por un menor pago del impuesto corporativo. La lógica parecería indicar que mientras más nos endeudamos, más valor agregamos a la empresa al reducir el pago de impuesto (menor gasto es mayor ganancia). Claro que esto es verdad hasta cierto punto.

Supongamos que comienzo a endeudarme cada vez más. Si tengo socios con inversiones diversificadas en otras empresas o activos y que no participan en las decisiones del negocio, ellos verán en los estados financieros una empresa cada vez más endeudada y más riesgosa, así que exigirán un mayor retorno sobre su inversión. De la misma manera, cuando los bancos observen el crecimiento de la deuda pueden comenzar a dudar de nuestra capacidad de pago y querrán recompensar el aumento del riesgo con mayor rendimiento de los préstamos (más interés).

Recordemos que los bancos también son inversores y que, como tales, buscarán colocar de la mejor manera el capital con la esperanza de obtener el mayor valor con el menor riesgo posible, mediante todos los instrumentos financieros a su disposición. Decíamos que la banca busca prestatarios (quienes reciben el préstamo) con la suficiente solvencia financiera que les asegure recuperar la inversión y los intereses en el tiempo acordado, para así volver a hacer préstamos, y generar un ciclo continuo de negocios a través de la relación comercial a largo plazo. A diferencia de los accionistas, los bancos u otras instituciones financieras solo son acreedores, y por lo tanto su riesgo en el negocio es menor. De la misma forma que cualquier inversor, el banco querrá saber si esa empresa que recibe el préstamo con el tiempo generará ganancias; si la industria tiene margen de crecimiento; cuál es el nivel de endeudamiento en tiempo real (en relación con el patrimonio y con toda la deuda); cómo es el ciclo de efectivo del negocio; cómo es la vinculación del *core business* con respecto a variables como el tipo de cambio, la inflación, la tasa de salarios nominales; cómo es la conducta de pago con el sistema previsional; cómo están compuestas las familias de los propietarios y si existe riesgo sucesorio, y muchas otras cosas más.

Si el banco ve que mi mayor deuda constituye un riesgo por incapacidad de pago, limitará mi calificación crediticia, me pedirá más garantías (reales, por ejemplo) y me aumentará la tasa de interés para compensar ese mayor riesgo. Esto podría generar una mayor probabilidad de impago, dado que disminuye mis ganancias y mi flujo al afectar mi margen. Si el banco evalúa esta posible situación, podría llegar a considerar vencida toda la deuda actual y solicitarme la devolución íntegra del capital con los intereses corridos. Este camino sin salida se denomina costo de quiebra, que deviene del riesgo de quiebra.

El principal problema que podemos tener en nuestros negocios al solicitar un crédito es pasar por dificultades financieras y, finalmente, llegar al costo de quiebra. Las dificultades financieras se dan cuando peligra la capacidad de pago del servicio de la deuda; es decir, cuando no se puede devolver al banco el capital prestado ni pagar el interés correspondiente. Esto sucede cuando no tenemos en cuenta el monto de la cuota a pagar ni prevemos que los flujos del pago estén calzados con los flujos de ingresos que el negocio generará. Este es un asunto principalmente de liquidez y afectado por la variable tiempo. Aunque también puede suceder que la empresa no consiga generar efectivo con sus operaciones habituales y, así, tener un problema mucho más que financiero: una mala estructura económica (que ya vimos en el Capítulo 4).

El riesgo de quiebra

Todas las empresas pueden transitar períodos de dificultades financieras, la situación se transforma en problema cuando estos períodos se sostienen en el tiempo. En tal caso, comienza a asomar la probabilidad de riesgo de quiebra, pero ¿en qué consiste eso realmente? Los costos de quiebra pueden separarse en dos grandes componentes: directos e indirectos. Los costos de quiebra directos son aquellos en los que incurre la empresa una vez que ha agotado todas las instancias de la cesación de pago y se resuelve liquidar la empresa. Aquí se incluyen los honorarios de abogados, del liquidador, pérdida por ventas y remates de los bienes, y otros gastos más.

En cambio, los costos de quiebra indirectos son los derivados de un círculo vicioso que deviene de la probabilidad de quiebra; es decir, cuando existe la contingencia y el rumor, pero no es certero. Cuando una empresa tiene problemas para cancelar sus obligaciones bancarias, comienza a rondar el fantasma de la cesación de pagos. Una empresa con mala reputación en el pago de sus deudas comienza a tener problemas con sus clientes. Por ejemplo, si vendo un producto de larga vida útil (más de un año) que requiere atención postventa, como un electrodoméstico por ejemplo, un rumor de quiebra puede hacer que pierda clientes que no confiarán en mis servicios de garantía durante la duración del bien. Esto haría que perdiera mercado. Además, la probabilidad de quiebra podría generar que mis empleados no quieran quedarse a trabajar conmigo por las condiciones de incertidumbre, y renuncien en cuanto tengan la primera oportunidad.

Un rumor de este tipo no hace más que crecer. Cuando la probabilidad de quiebra comienza a circular libremente por las calles, tarde o temprano llegará a oídos de los bancos, que querrán disminuir sus calificaciones de crédito, aumentar las garantías con bienes inmuebles o aumentar las tasas de interés para absorber el mayor riesgo de la empresa. Este escenario podría colocar a mi empresa en peor situación para devolver los préstamos, rompiendo totalmente la cadena de pago, y aumentando aún más las probabilidades de quiebra.

Decíamos en un comienzo que la deuda tiene un beneficio impositivo porque agrega valor a la empresa. Sin embargo, la mayor deuda conlleva un riesgo de insolvencia y costos por quiebra. Muchas teorías financieras basadas en el endeudamiento con terceros se mueven en esta zona tratando de explicar si existe o no un punto de equilibrio donde se optimice la cantidad de deuda y el capital propio (estructura de capital) de manera tal que se logre el mayor valor posible en mi negocio. Este intercambio óptimo o *trade off* entre los beneficios impositivos de la deuda y los costos de quiebra o dificultades financieras determinaría el punto ideal de endeudamiento. Esta teoría busca encontrar la situación donde el incremento de un punto marginal del valor por beneficio impositivo de la deuda se compense con un incremento de un punto marginal del costo por quiebra. Hoy por hoy no existe un modelo generalmente aceptado que haya encontrado esta situación de equilibrio. Los riesgos del financiamiento no son menores, el propietario inversor debe saber cuándo y cómo endeudarse para optimizar sus beneficios.

La deuda eterna

Cuando la empresa no puede prescindir del financiamiento y requiere constantemente de deuda para calzar sus operaciones, es probable que termine perdiendo el control y acabe pagando cualquier tasa, no solo las de mercado. ¿Por qué motivo? Los bancos pueden percibir que la empresa necesita financiarse continuamente y prever un mayor riesgo, por lo cual solicitarán una mayor tasa y, ocasionalmente, imposibilitarán que la empresa haga *rollovers* inmediatos. Debemos prestar mucha atención para tener bajo control cada operación de crédito, saber qué estamos financiando, de qué manera nos conviene hacerlo, con qué plazo, y qué beneficio nos otorga el endeudamiento a fin de evitar un camino sin retorno.

La bola de nieve

Esta situación deviene de la anterior. Cuando el resultado de mi negocio no alcanza a cubrir el pago de los intereses (no tengo una ratio de cobertura adecuada), es posible que necesite endeudarme para poder pagar los intereses del crédito que estoy devolviendo, y así hacer crecer de forma imparable una bola de nieve. La situación se complica aún más cuando el nuevo préstamo se utiliza para pagar una deuda anterior. Es muy probable que esta situación responda a un problema económico y debe ser cortada de raíz disminuyendo los gastos operativos y/o mejorando las ventas.

CAPÍTULO 8

LA MIRADA DEL EMPRESARIO COMO INVERSOR

Desarrollo del pensamiento inversor

¿Qué busca un inversor? Aumentar el valor de su capital a través de sus inversiones, optimizando el binomio riesgo-rendimiento. ¿Qué busca un empresario? Si bien es una pregunta que no puede simplificarse en una sola respuesta, podría decirse que el empresario busca lo mismo, pero sin tenerlo presente. La creación de empleo, el funcionamiento de un negocio que trascienda las generaciones de su familia, la posibilidad de autorrealizarse, la independencia laboral y financiera, enfrentarse a riesgos y salir de la zona de confort, la búsqueda de renombre, etc., podrían representar algunas facetas del perfil emprendedor. La dificultad surge a la hora de conjugar este perfil emprendedor con el perfil inversor.

Cuando adquirimos un pensamiento inversor y somos emprendedores o empresarios, el propio negocio comienza a verse desde un lugar muy diferente. Entonces, comienzan a aflorar preguntas que antes no nos hacíamos. Si fuese un inversor especializado, ¿compraría mi propia empresa como inversión? ¿Qué la hace o podría hacer más atractiva? ¿Qué sucedería si quisiera ampliar el capital y buscar otros socios? ¿Cuánto vale mi empresa actualmente? ¿Qué parámetros definen su valor? ¿Podría el negocio funcionar sin mi presencia? A veces el espíritu emprendedor se encuentra en búsqueda de trascendencia y, por lo general, el dueño no pensaría en vender su negocio sino más bien en "entregarlo" a la próxima generación familiar para que continúe ese legado. En otras ocasiones, el pensamiento inversor suele aparecer una vez que la pyme ha traspasado las fronteras de dos o tres generaciones y se ha consolidado el crecimiento patrimonial familiar fuera del ámbito empresarial. Es ahí cuando surge el deseo y la necesidad de administrar eficientemente esos bienes. Sin embargo, el pensamiento inversor debería acompañar al emprendedor / empresario desde sus comienzos.

Entonces, ¿qué mira un inversor? El inversor empresario hipotético del que hablamos observa determinadas cualidades en las empresas que las hacen atractivas a la hora de invertir. Buscará la mejor combinación entre el riesgo que asume (el menor posible) y el rendimiento previsto (el mayor posible). Estas dos variables las puede encontrar observando detenidamente:

1. la gestión del negocio;
2. los resultados que genera.

El riesgo asumido parte de la gestión del negocio (1), el cual incluye las perspectivas de la empresa para crecer en sus mercados, las fortalezas competitivas para lograrlo, y el desempeño y cualidades del equipo de dirección orientado a conseguir esos objetivos. Por otro lado, el rendimiento de su inversión estará dado por los resultados que finalmente logre la empresa con el tiempo (2). Estos resultados se consiguen en los tres pilares: ganancia positiva, retorno positivo y liquidez. La liquidez necesaria puede obtenerse por el propio negocio, por aportes de los propietarios o por endeudamiento. Todo exceso de liquidez generado por el negocio deberá ser administrado eficientemente. Si la empresa accede a deudas, el inversor observará que ellas sean "sanas", que potencien los resultados y que estén motivadas por una necesidad de capital de trabajo y/o inversiones en bienes de capital.

En conclusión, conociendo en detalle las variables de gestión y los resultados obtenidos el inversor estará en condiciones de proyectar las ganancias y saber el valor del negocio al día de hoy, para evaluar conscientemente su inversión.

Entonces, ¿gano o pierdo?

Volvamos a las bases repetidas largamente: ¿cuál es el interés de crear una empresa? El aliciente principal de todo inversionista, propietario, dueño, socio, fundador, emprendedor sigue siendo aumentar la riqueza o el valor de su patrimonio invertido. Ninguno de nosotros, de manera racional, gastaría su patrimonio (o el de su familia y amigos) y su tiempo a otras personas o instituciones sin la esperanza de recuperar esa inversión con un plusvalor por el riesgo asumido.

Todas las decisiones que adopte un empresario, al invertir todo o gran parte de su capital en una pyme, las tomará con el principal objetivo de obtener una ganancia sobre esa inversión. Este retorno sobre la inversión guardará relación con su perfil inversor, de manera consciente o inconsciente. Si es una persona que no busca riesgos, su negocio estará enfocado en mercados estables, de bajo crecimiento y ganancias conservadoras. Por el contrario, si el empresario en su rol de inversor quiere crecimientos rápidos con importantes ganancias, buscará mercados nuevos (*startups* tecnológicas, por ejemplo) y estará más dispuesto a asumir mayores riesgos.

De la misma manera, si este empresario inversor decidiera invertir en otros negocios fuera de su propia empresa, seguramente dedicará buena parte de su tiempo a analizar si esos negocios reúnen las condiciones que él considera adecuadas según las perspectivas futuras del mercado, el monto de la inversión, el riesgo y el retorno que generará, entre muchas otras cosas.

Una vez definido su perfil y sus necesidades, este inversor arriesgado buscará saber si gana o pierde con su inversión. Hablamos en capítulos anteriores acerca de ganancias, pérdidas y márgenes de ganancia en términos económicos, así como sobre otros indicadores de resultados. Sin embargo, el conocimiento que busca el inversor es mucho más amplio. La creación de valor requiere adicionar la variable tiempo; en el instante cero no se crea valor. Por lo tanto, el interés del inversionista pasará por saber el valor de su inversión al día de hoy al vincularlo directamente con la posibilidad de generar riquezas en el futuro. Estas riquezas se expresarán en el flujo de fondos que tenga la empresa a lo largo de los años.

Si miro mi negocio, ¿qué factores y variables debería gestionar hoy eficientemente para potenciar su valor con mayores ingresos o flujos de dinero en el futuro? Algunas de las respuestas a esta pregunta las iremos desarrollando en el resto del libro.

Perspectivas de crecimiento

El primer paso para evaluar la gestión de mi negocio es determinar dónde estoy parado y con qué recursos cuento para crecer. Decíamos que las ventas son el motor perpetuo de las empresas y que el crecimiento solo puede generarse a través del aumento real del primer estadio de las ganancias: sus ventas. Pero, ¿de qué manera crecen las ventas? Si quitamos el componente nominal (al eliminar los efectos distorsivos de la inflación), las ventas crecen por un crecimiento de la demanda, por un mayor precio de venta o por la combinación de ambos factores, que se deben a dos razones fundamentales:

- un mercado en crecimiento;
- una fortaleza competitiva.

Los mercados se identifican por su ciclo de maduración. El crecimiento de un mercado suele darse en su etapa de inicio. Esto implica que existen muchos potenciales demandantes de un producto o servicio, ya sea por ser desconocido, por nuevas modas, por cambios en los gustos, por modificaciones en el uso de la tecnología, por nuevas reglamentaciones legales, etc. También puede resultar que pequeños cambios en las características de los productos existentes generen nuevas demandas (por ejemplo, el mercado de teléfonos celulares). Un mercado en su etapa inicial es también riesgoso, debido a que no cuenta con un historial del comportamiento del consumidor que ayude en la toma de decisiones.

Un mercado amesetado o estancado, por otro lado, es el que ya no crece debido a que los consumidores no esperan ninguna nueva prestación ni innovación de los productos o servicios. Se dice que el mercado está en su etapa de madurez. Estos mercados se caracterizan por ser estables y menos riesgosos. Finalmente, existen mercados que se encuentran en su etapa final, cuando la demanda cae de forma natural por tratarse de productos obsoletos o fuera de moda. Identificar en qué tipo de mercado se encuentra nuestro negocio es vital para saber dónde queremos estar y cómo proyectar las ventas en los próximos cinco y diez años.

Sin embargo, puede suceder que nuestra empresa compita en un mercado que crece y con buenas perspectivas futuras, pero que esté plagado de competidores que buscan aferrarse a él, impidiéndonos no solo aumentar las ventas sino obligándonos también a disminuir los precios para competir. Entonces, ¿cómo me diferencio del resto? Cuando mi empresa tiene y mantiene ventajas competitivas superiores a las de la competencia, me estoy asegurando que los clientes demanden mis productos o servicios además de tener la posibilidad de mejorar los precios gracias a la valoración obtenida del mercado. Cuando cuento con esta fortaleza, estoy en mejores condiciones para pronosticar con mayor certeza mi posicionamiento en el futuro. Cuanto mayor sea mi fortaleza competitiva, mayor será mi probabilidad de crecimiento dentro del mercado.

Si bien estas variables son subjetivas y difícilmente puedan medirse con valores fiables, son necesarias como ejercitación para visualizar nuestra empresa en la perspectiva correcta, evitando pronósticos utópicos o irreales.

Ventajas competitivas sostenibles

Una vez que reconocemos en qué tipo de mercado compite nuestra pyme, debemos pensar en las fortalezas competitivas. Las ventajas competitivas otorgan un beneficio que permite a las empresas posicionarse mejor que otras en alguna área, y siempre se traducen en buenos resultados. Si mi negocio hace gala de tener una inmensa variedad de productos en inventarios disponibles y líneas de crédito a los clientes, significa que tiene un alto nivel de capital de trabajo y un endeudamiento que ponen en riesgo mi empresa (un gran costo de interés financiero), entonces no puedo hablar de una ventaja competitiva. Incluso si la competencia no lo hace y esa fuera mi diferencia. Si el esfuerzo económico por sostener una ventaja competitiva destruye valor a mi negocio, no se trata de una ventaja, es una mala decisión de administración.

Las empresas con ventajas competitivas suelen enfocarse en un área determinada que manejan mejor que nadie o a la que solo ellas tienen acceso, ya sea por la calidad de sus recursos humanos, por la localización geográfica, por el posicionamiento de marca en los consumidores, etc. Estas barreras colocadas alrededor del mercado para evitar que otros competidores ingresen o crezcan, no deben conducirnos a gastos que nos destruyan valor. Todo lo contrario, deben converger en mejoras en nuestros resultados económicos y financieros. En muchos casos, estas ventajas se ven traducidas en activos intangibles del negocio, como un poderoso nombre de marca.

¿Qué sucede si no tengo una ventaja competitiva? Las empresas que no se diferencian en algún punto de la competencia terminan compitiendo en el mercado por ofrecer sus mejores precios. Si no tienen el tamaño suficiente para lograr economías de escala, son negocios riesgosos. La actividad del inversor, participe o no de la gestión, debe ser evaluar cuáles son sus ventajas competitivas y cómo desarrollarlas. Si mi negocio entró en una guerra de precios con un competidor para poder sostenerme en el mercado, por ejemplo, los inversores externos requerirán mayores beneficios para compensar el riesgo que la empresa presenta en el mediano y largo plazo. Una guerra de precios siempre acaba con víctimas en ambos bandos.

Las empresas con ventajas, por lo general, operan en mercados que no son sensibles al precio. Es decir, los clientes las eligen por características como la calidad, el servicio, la marca, el prestigio, etc., y si la empresa sube sus precios, no pierde clientes fieles. Esto permite proyectar las ventas independientemente de las condiciones del mercado. El inversor que analiza su negocio o busca alternativas de inversión, revisa con mucho cuidado cuál es la situación de la empresa y cómo es percibida por el mercado.

Un equipo de dirección orientado a resultados

Ante un mercado que crece y con ventajas competitivas que nos aportan fortalezas por encima de las de nuestra competencia, lo único que necesitamos es un equipo de dirección que tome las mejores decisiones para sacar provecho de las circunstancias.

Sin dirección una nación fracasa; lo mismo sucede en una empresa. ¿Qué buscamos de nuestro equipo de dirección? La orientación hacia los resultados, enfocados en las personas. Un equipo de dirección que no tiene intenciones de crecimiento para la empresa o que no administra con diligencia el patrimonio de los dueños, tiende a destruir valor para el negocio. La divergencia de intereses entre el equipo administrativo y los propietarios (cuando son personas diferentes) da lugar a la toma de decisiones subóptimas para la empresa.

Cada vez que se utilizan herramientas econométricas para predecir el crecimiento de un negocio se está presuponiendo que el equipo de dirección quiere (desea) generar esos resultados. Pero cabe preguntarnos con mayor cuidado: ¿los directores y gerentes realmente quieren crecer, con el estrés, cansancio y frustración que el proceso genera? Un equipo de dirección puede tener tanto una visión de crecimiento y expansión, como la intención de asegurar su continuidad en el poder adoptando una postura pasiva dentro de la organización. La contraposición de intereses entre administradores y propietarios, entre lo que unos esperan de los otros, genera un costo para la empresa[7], pues producen

---

7 Teoría de costos de agencia, donde el principal son los dueños del capital y el agente, los administradores.

"pérdidas" en muchos casos imperceptibles. Esto ocurre cuando una de las partes no tiene intenciones de seguir los lineamientos de la otra parte por un conflicto de intereses.

Entonces, ¿qué debo buscar en mi negocio? La bibliografía sobre grandes inversores enseña que el equipo de dirección de una empresa, sean propietarios, empleados o ambos, debe tener una clara orientación hacia resultados y, además, contar con tres características sólidas: integridad, actitud y conocimiento. Si bien no garantizan un éxito de resultados, son los condimentos necesarios para el logro de los objetivos. ¿Por qué esas tres características? Si bien hay muchas más, estas resumen lo importante de un buen perfil de gestión (tanto para funcionarios de la gestión privada como de la pública) y permiten observar la interrelación que tienen entre sí. Un viejo proverbio reza que la actitud o el afán sin conocimiento no sirven de nada. Vimos que, cuando hay mucha actitud y conocimiento, pero no hay integridad, las dos primeras cualidades se vuelven muy peligrosas para el negocio.

La integridad proporciona el buen nombre de las personas que dirigen el negocio. Esto genera confianza en los clientes, en los proveedores y en los dueños del capital que no tienen participación en la gestión y cuentan con limitada información del negocio. El buen nombre siempre es sinónimo de mayores y mejores negocios. Por otro lado, la actitud es la característica necesaria para encarar nuevos proyectos y desafíos por parte del equipo; de incluir el cambio constante como una filosofía de mejora continua (*kaizen*, filosofía japonesa). Finalmente, el conocimiento del equipo en áreas determinadas es un buen aval de éxito, el cual puede provenir de estudios académicos, experiencia propia o experiencia ajena. El conocimiento se adquiere, y un buen equipo de dirección sabe capitalizar ese conocimiento año tras año, para potenciarlo con una actitud proactiva.

Luego de reconocer estas buenas cualidades en el equipo de dirección de mi negocio (ya tendría gran parte del juego ganado), es indispensable que dicho equipo genere objetivos, planes de acción y presupuestos de recursos necesarios para lograr esos objetivos. Esta es la etapa de la estrategia del negocio. Una firma que no sabe lo que quiere se replantea constantemente lo que hace. Este es un estrés y un costo innecesarios.

Sabemos que la actividad financiera es la única que agrega valor al negocio (cuando el dinero que entra es mayor que el que sale y se adhiere al patrimonio). Por lo tanto, la mirada del empresario inversor estará puesta en los resultados que el equipo de dirección esté generando. Si el negocio obtiene márgenes de ganancias superiores a los de la industria, un exceso de liquidez que permite inversiones de crecimiento, una deuda que potencia resultados con bajo riesgo, un capital de trabajo mínimo, un buen retorno sobre la inversión acorde con el riesgo, entre otros, es posible que se deba principalmente a estas cualidades sólidas del equipo de dirección.

Un buen nombre en el equipo de administración puede hacer que una empresa vuelva a ser considerada como inversión potable después de haber pasado por períodos de complicaciones. En el caso de empresas familiares, es muy importante la continuidad familiar de generación en generación, y una estrecha relación con el equipo de gestión.

Resultados positivos en los tres pilares

Entonces, tenemos una gestión orientada a conseguir resultados a largo plazo que maneja las ventajas competitivas del negocio en un mercado en crecimiento, ¿qué más? El inversor pyme observará si, finalmente, esos resultados planteados se están alcanzando con el paso del tiempo. La importancia de esta simple actividad radica en saber qué resultados mirar, a fin de conocer cuánto valor está creando como inversionista.

Recordemos que, de forma racional, solo invertiríamos en negocios que nos devuelvan una ganancia acorde con el riesgo que estamos asumiendo. Lo primero que debemos observar son los resultados que existen en los tres pilares económico-financieros: ganancia, retorno y liquidez.

Elevados márgenes de ganancia

La ganancia del negocio es una medida económica, y la observamos de manera relativa en los márgenes de ganancia. El margen bruto, por un lado, determina el nivel del costo de venta respecto de mi venta, y es un buen indicador de mi ventaja competitiva en mi mercado. Un gran margen bruto (mayor al promedio de la industria) podría indicar que tengo capacidad para posicionar precios altos, que mis costos de producción o servicio son bajos gracias a la eficiencia en el uso de mis recursos, que tengo capacidad para negociar los costos de transformación del proceso productivo, o una combinación de algunos de los puntos anteriores (o todos). Debo controlar la evolución del margen bruto para ver si existen momentos durante el año en que disminuye o aumenta, para reconocer sus fundamentos. Además, resulta muy útil compararlo con los márgenes habituales de la industria.

El margen neto, en cambio, me da un panorama más amplio. Por un lado, me permite saber qué porcentaje del margen bruto estoy destinando a pagar gastos generales, o cuánto destino a I+D. Una empresa que asigna un elevado porcentaje de sus resultados a investigación puede indicar una actitud de crecimiento e innovación, o simplemente que la empresa se encuentra en un mercado muy competitivo y necesita actualizarse de forma constante (como en el caso de la industria tecnológica). Mucho más si es grande y sostenida en el tiempo la proporción destinada a pagar intereses por préstamos. Debo observar cómo se distribuye el resultado bruto para pagar los gastos de explotación y monitorear su evolución en el tiempo, para saber dónde se producen los mayores gastos y dónde tengo que tomar acciones para reducir los costos.

Finalmente, un margen bruto alto y un margen neto bajo, en relación a la industria en donde opera, podría indicar que mi negocio requiere de grandes gastos no vinculados a la fabricación del producto o prestación del servicio para sostenerse, lo que sería un signo de debilidad si persiste en el tiempo. Si la sumatoria de estos gastos de explotación u operativos son excesivos, repercutirá en un margen neto mínimo y será una alerta roja para tomar acciones.

Es necesario adquirir conciencia de que todo gasto que no puede reducirse es dinero que no recibo como propietario inversor. Una mala o nula administración de los gastos tiene un efecto muy importante en los resultados finales. En definitiva, la ganancia final es la que alimentará el capital de la empresa si se retiene, aumentando su valor progresivamente, o irá a los propietarios si se distribuye.

Retorno acorde con el riesgo

Una vez que observa que el negocio genera ganancias, el empresario inversor querrá conocer el rendimiento de su inversión. Como el retorno se calcula como el cociente entre las ganancias obtenidas y el dinero invertido, ya tenemos un componente positivo en el numerador (ganancias positivas). Sin embargo, este retorno positivo aún no determina que el negocio sea una buena opción.

Como inversor, debo observar el retorno de la inversión en mi negocio y preguntarme: ¿cómo es con respecto a otros negocios con riesgos similares? La pregunta es tan subjetiva como la definición de qué se considera un elevado margen de ganancias. Siempre es una expresión en términos relativos: ¿comparado con qué?

Este punto responde a cuestiones muy personales, ya que la comparación no se refiere solo al rendimiento de otras industrias, sino a nuestra aversión al riesgo según nuestras propias alternativas. La aversión es nuestro rechazo a asumir riesgos; cuanto más hostiles o contrarios al riesgo seamos, menos riesgos admitiremos en las inversiones y, por ende, menos rendimiento obtendremos (en condiciones normales). Recordemos el axioma financiero que reza: a mayor riesgo, mayor rendimiento.

La forma más sencilla de decidir sobre el retorno o rendimiento de mi negocio es compararlo con el de otros activos sobre los que estaría dispuesto a invertir. Por ejemplo, compararlo con la rentabilidad de otras pymes que cotizan en bolsa, con el retorno de títulos públicos de países emergentes o con el desempeño de fondos de inversión mixtos. La variedad es inmensa, pero el objetivo es claro: generar un retorno que compense la pérdida por inflación y el riesgo que quiero asumir.

Liquidez reinante

Una vez obtenidos ganancias y retornos positivos (los dos primeros pilares), el empresario inversor observará si el negocio por sí solo genera caja. Como vimos antes, un buen negocio podría tener un desfasaje de caja por un gran capital de trabajo (y largo ciclo de efectivo) que requiera de financiación, pero una vez que el negocio esté en funcionamiento y la rueda comience a girar, es lógico esperar que él cuente con una caja operativa positiva independiente.

Lo primero que observa el empresario inversor es la capacidad del negocio para generar efectivo a nivel operativo; es decir, sin considerar ingresos adicionales (ventas extraordinarias, como ser, de un activo fijo) sino por el propio negocio. Esto se muestra en el flujo de fondos operativo. Si, por el contrario, la empresa no genera efectivo excedente por sus actividades habituales y ordinarias, entonces deben analizarse detalladamente las causas: ¿ocurre por un exceso de gastos o por un problema circunstancial en las cobranzas de ventas a crédito? ¿Se hicieron muchas compras con pago adelantado a proveedores o cambiaron las condiciones generales de crédito del negocio? Las preguntas correctas ayudarán al equipo de dirección a enfocar los esfuerzos para corregir los desvíos.

Otro factor importante se presenta cuando las ventas crecen; el incremento del capital de trabajo atado a las ventas demandará liquidez, para inmovilizar más capital (menos dinero en caja).

Como inversores, debemos observar el crecimiento de las ventas, el capital de trabajo y de qué forma suele financiarse el crecimiento del negocio: con nuestros aportes o con deuda de terceros. El costo de capital (que representa el costo combinado de ambas fuentes de financiamiento) repercutirá notablemente en el valor de mi empresa.

¿Qué sucede cuando hay excedentes de liquidez?

Las empresas con posicionamientos sólidos en el mercado y con ventajas competitivas suelen tener un excedente de caja que requiere un tratamiento especial. El excedente de caja debe tener el mismo objetivo de aumentar la riqueza del patrimonio social. ¿De qué manera? Existen dos grandes alternativas:

- disminución de la deuda;
- inversión en crecimiento o expansión.

Claro que la decisión a tomar dependerá de la coyuntura de mi pyme. Recordemos que las decisiones de inversión para mantener o sostener el nivel de actividad productivo no se consideran en este análisis. Los excedentes aquí mencionados se dan cuando ya están cubiertas todas mis necesidades productivas.

La disminución de compromisos financieros es útil en empresas endeudadas con una mala cobertura de intereses, altos costos y riesgo constante. Decíamos que el beneficio de la deuda se logra por su efecto de apalancamiento (obtener mejores retornos de las ganancias finales con una menor inversión de capital propio) y del escudo fiscal. Cuando los resultados del negocio no alcanzan a cubrir los gastos por intereses, no solo debe reducirse la deuda, sino también los gastos y/o aumentar las ventas. Por otro lado, el beneficio se pierde cuando el escudo fiscal deja de protegernos. Cuando una mayor deuda se convierte en un mayor riesgo de insolvencia, lo que es observado por nuestros prestamistas (bancos, por ejemplo), es posible que obtengamos un incremento en el costo financiero y debamos presentar garantías reales como avales para generar confianza en nuestros acreedores (con los costos que ello implica), entre otras cosas. También puede suceder que el descuento del impuesto no tenga un efecto positivo en nuestro negocio. En estos casos, el escudo fiscal fracasa y ya no obtenemos el beneficio adicional por endeudarnos. Este sería un buen momento para aplicar los excedentes de liquidez a la reducción de deuda, y así disminuir el costo financiero y el riesgo.

La segunda alternativa consiste en encontrar negocios o proyectos beneficiosos para invertir y que generen una expansión o crecimiento. Entonces, ¿cómo encontrar proyectos rentables? Esta decisión presupone que ya sabemos si nuestro negocio obtiene ganancias y retornos positivos. Si actualmente mi empresa es un buen negocio, puedo pensar en expandir sus actividades reinvirtiendo en ella. Una nueva inversión podría consistir en el ofrecimiento de un nuevo producto, abrir sucursales, ampliar la gama de servicios, modernizar el parque de máquinas, comprar inmuebles, etc. Una vez decidido que la opción de invertir en mi negocio sigue siendo rentable, aplico esos excedentes en su financiación.

Sin embargo, puede ocurrir que la pyme se encuentre en un mercado sin crecimiento o temporalmente estancado y necesite expandirse hacia otras posibilidades fuera de la industria. Esta es una de las decisiones más difíciles de tomar para un empresario inversor, dado que requiere diversificar hacia mercados que no son su área de mayor experiencia, con todos los riesgos que ello atañe. Las grandes empresas suelen comprar participaciones de otras que consideran rentables y que les darían ventajas estratégicas el tener dominio sobre ellas. Para el universo pyme, es más sencillo encontrar otros instrumentos de inversión más líquidos de acuerdo con el riesgo que están dispuestas a tomar, armando una cartera de inversión temporal o permanente. Dependiendo de muchos factores, es posible crear un buen retorno anual combinando activos como depósitos a plazos fijos, fondos de inversión, títulos públicos y privados, fideicomisos financieros o acciones. La administración eficiente de una cartera puede ayudar a crear valor rápidamente para la empresa, reduciendo el riesgo en tiempos de escasa liquidez y potenciando el valor general del patrimonio social.

Resultados positivos y apalancados

La conducta sobre la gestión del financiamiento dice mucho sobre mi negocio. Quienes se dedican a observar empresas para invertir, no pasan por alto este detalle. ¿Qué dice mi deuda sobre mí? Lo primero que un inversor observa es el nivel de endeudamiento con respecto al capital. Por normativa, los bancos no permiten que sus clientes aumenten el endeudamiento muy por encima de su capital, dado que se convierten en negocios riesgosos, que ponen en peligro su capacidad de pago. Cualquier empresa que se esté acercando a ese umbral o ya lo haya cruzado, debe estudiarse muy detenidamente. La ratio de endeudamiento (dividiendo la deuda sobre el capital) es un indicador importante a la hora de saber si mi negocio es saludable.

También es necesario conocer en detalle no solo la cantidad sino la calidad de mi deuda. Una deuda de largo plazo debería ser la respuesta al financiamiento de actividades o bienes de capital de largo plazo. Mientras que una deuda de corto plazo debería servir para financiar capital de trabajo (plazo de menos de un año) producto de un crecimiento de ventas, por ejemplo. La deuda que se basa en un crecimiento positivo del negocio forma parte de él y potencia sus resultados. Bien administrada crea valor.

Sin embargo, cuando la deuda está financiando resultados negativos sostenidos en el tiempo, la situación se complica. Aquí el trabajo a realizar es económico y no financiero; es decir, el empresario inversor deberá tomar acciones para aumentar las ventas y/o reducir los gastos; nunca continuar financiando.

Cuando nos enfocamos aún más en los resultados económicos, aparecen dos indicadores que hablan de mi capacidad de pago. Si el resultado económico anual de mi negocio (ventas menos gastos) no alcanza para pagar los intereses anuales, entonces no estoy teniendo una buena cobertura de la deuda. De hecho, estoy creando una bola de nieve: me endeudo para pagar intereses de deudas anteriores. Este factor es crítico, al igual que el anterior.

Al resultado económico anual, además, el inversor analista suele restarle el servicio total de deuda del año (capital + intereses). En este caso, un resultado negativo no necesariamente significa que exista una mala performance financiera. Si divido el servicio total de la deuda sobre el resultado neto (ya descontados los intereses) obtengo la cantidad de años que tardaría mi negocio en devolver toda la deuda actual. Esta situación puede apreciarse en el siguiente ejemplo:

	2019	2020
Resultado neto	13	16

El servicio total de la deuda al final del ejercicio 2019 era de 52, y al final de 2020, de 80. Entonces:

$$2019 = \frac{52}{13} = 4 \text{ años}$$

$$2020 = \frac{80}{16} = 5 \text{ años}$$

Las estimaciones para el año 2019 son que, con ese mismo nivel de ganancias y ante un contexto sin cambio de variables, a esta empresa le tomaría cuatro años devolver toda la deuda. La misma lectura se aplica para el año 2020, donde la devolución total tardaría cinco años.

Este número adquiere mayor importancia cuando se lo compara con períodos pasados de la empresa o con los indicadores de la industria. Muchos inversores analizan la capacidad de pagar toda la deuda para determinar cuán dependiente es del *rollover* constante (financiamiento continuo). No debemos caer en el error de creer que una deuda pueda continuarse indefinidamente, pensando que solo pagaremos intereses sobre un capital que nunca devolveremos. Los bancos suelen "cortar" estos *rollover* para determinar la capacidad de pago de sus clientes, solicitándoles que devuelvan íntegramente el capital, antes de volver a financiar la misma deuda al día siguiente.

Otra guía útil a la hora de analizar el endeudamiento del negocio resulta de la comparación de la deuda con una variable de creación de ingresos, como las ventas anuales. La ratio entre estos números (deuda / ventas) brinda una referencia de cuán grande es la deuda con respecto a la capacidad para generar ingresos, y si aumenta o disminuye a lo largo del tiempo. También suele separarse entre deuda de corto y de largo plazo.

Existen muchas otras maneras de saber si estoy llevando una buena gestión financiera como empresario inversor. Analizar los costos del interés, de las comisiones, gastos de otorgamiento, sistemas de amortización (devolución del capital), garantías, etc., son importantes en la gestión diaria. Sin embargo, hacer foco en algunos indicadores financieros relevantes permitirá tomar decisiones que agreguen valor a la firma.

Un capital de trabajo magro (*lean working capital*)

Aun teniendo buenos resultados en los tres pilares, puede que esté viviendo un efecto financiero desfavorable como resultado de un gran capital de trabajo operativo.

Recordemos que el capital de trabajo representa la cantidad de capital inmovilizado[1] que requiere la empresa para realizar sus actividades operativas habituales (sin incluir la gestión financiera). El principal factor que lo afecta es el tiempo; es decir, no se trata solo de un concepto estático (activos corrientes menos pasivos corrientes), sino de la capacidad del negocio para convertir el pago de las compras de bienes de cambio o de bienes de transformación en dinero recibido de los clientes en el menor tiempo posible. Cuanto menor sea el tiempo de inmovilización del capital, menor será el capital de trabajo y la necesidad de financiarlo, ya sea con recursos propios o ajenos. Si el financiamiento se produce con recursos propios, al reducir el capital de trabajo puedo reasignar esos recursos a otras actividades que me generen una renta (evito un "costo" por lucro cesante) y, en cambio, si fuese financiado con recursos ajenos, evito el costo del proveedor del capital (el interés).

Muchas veces, la deuda de corto plazo de pymes industriales es pura y exclusivamente para financiar el capital de trabajo. El ojo inversor del empresario o emprendedor estará enfocado en observar con cuidado esta situación. En estos casos, una deuda constante solo disminuirá cuando la empresa logre reducir su capital de trabajo, acortando el ciclo de conversión del efectivo. Aquí surge la idea de capital de trabajo magro (sin grasa), mínimo, justo e indispensable para operar cotidianamente sin deteriorar las relaciones a largo plazo con proveedores y clientes. Más bien se crea un vínculo de beneficios mutuos, incluidos otros servicios que puedan ofrecerse.

---

1 Aquí no se hace referencia al efectivo.

Suele creerse que tener un *stock* grande de productos terminados para la venta no tiene costo o, si lo tiene, es difícil calcularlo y no debe ser tenido en cuenta. Esto es un error. Un gran inventario es mercadería que posiblemente ya haya pagado al proveedor y que todavía no cobré. Es decir, es dinero que salió de mis arcas y todavía no volvió a entrar a mi flujo con la rentabilidad correspondiente, y que necesitaré para seguir trabajando. Lo mismo sucede cuando vendo a crédito a mis clientes, es dinero que no ingresa al negocio, y solo es contrarrestado por la compra a plazo a los proveedores, pues significa dinero que aún no sale de mi flujo.

Para obtener un negocio financieramente sano tengo que bogar por un inventario mínimo (tanto en materias primas, insumos, productos en proceso, terminados y productos de reventa), un crédito limitado a mis clientes y el mayor margen de crédito con mis proveedores. Incluso debería trasladar a mis clientes el costo financiero de sostener grandes inventarios o de vender a crédito en la medida en que el mercado me lo permita. Un capital de trabajo magro me permitirá reducir la deuda de corto plazo (si es que estoy endeudado), o reasignar dinero sobrante (por mayor entrada del flujo de efectivo) a inversiones que me generen beneficios positivos, aumentando el valor del negocio.

Administración eficiente del capital

Hemos aprendido una serie de factores y condicionantes que todo inversor empresario debería tener en cuenta antes de decidir invertir en una pyme. En otras palabras, conocemos en términos simples algunas cualidades que las hacen atractivas para colocar dinero. También entendimos la importancia de una correcta administración de ese capital para que todos esos factores potencien los resultados y aumente el valor de la pyme.

Como todo negocio es financiero, existen dos grandes actividades financieras que realiza una empresa: la creación de capital y su administración.

La creación de capital es la actividad central y mejor entendida. La empresa vende sus productos, cobra las ventas, paga sus gastos y obtiene una ganancia, la cual puede ser reinvertida en la empresa o distribuida a los dueños a través de dividendos (si bien los dividendos se consideran sobre una base económica, la idea del negocio radica en su aspecto financiero). Esta actividad de creación de capital mediante la oferta de productos o servicios se desarrolla año tras año, sorteando los vaivenes naturales del mercado. La gestión financiera o *management* financiero ayuda a potenciar estos resultados al encontrar las mejores oportunidades para obtener los mayores beneficios a través del endeudamiento. Cuando existen ganancias, estas se incrementan. Vimos que lo mismo ocurre cuando son pérdidas; un resultado negativo, financiado, es mucho más negativo. Por lo tanto, una de las actividades principales de la gestión financiera consiste en el apalancamiento consciente de los resultados (en tanto ganancias o pérdidas) y en la reducción de los gastos impositivos, como actividad componente de la creación de capital.

La administración del patrimonio o del capital social, por otro lado, es la segunda gran actividad financiera de una empresa. Se trata del conjunto de decisiones y actividades que buscan conservar o incrementar el patrimonio de la firma y, por ende, de los accionistas. Esta actividad se basa principalmente en gestionar los excedentes de liquidez generados por el negocio, a través de la creación de capital, y aplicarlos a las actividades o inversiones más rentables. Esto fue explicado en el apartado sobre los excedentes de liquidez.

Cuando la mirada se enfoca en incrementar el capital de los dueños con objetivos claros, medibles y alcanzables es más fácil tomar decisiones orientadas a resultados, e invertir solamente en las actividades que resulten más rentables. Solo en algunos casos, la inversión en la propia empresa puede tener un resultado financiero negativo, pero con fundamento estratégico. Es decir, invertir en un negocio no rentable podría significar un potenciamiento de otros negocios mucho más rentables que, en su conjunto, me beneficiarían claramente. Estos casos son muy difíciles de detectar y mucho más de medir. También es muy fácil perderse en la formulación e implementación de una excelente estrategia empresarial, pero que termine desviándose u olvidando el objeto último de su razón de ser, que es crear valor.

En muchos casos, la actividad de administración del patrimonio no se considera que pertenezca al área financiera de una pyme, y no existen gestiones con objetivos en esta área. ¿Por qué sucede esto? Por un lado, la falta de un pensamiento inversor tanto en los gerentes como en los propietarios. Este pensamiento debe desarrollarse y enfocarse en el objetivo de incrementar el patrimonio a mediano y a largo plazo. Por otro lado, por la imposibilidad de contar con una correcta valuación del patrimonio debido a la distorsión económica generada por la inflación y la contabilidad limitada para ajustar el patrimonio con el paso del tiempo. Por último, por la ausencia de instrumentos financieros confiables en el mercado y las limitaciones para invertir en mercados externos. Pueden citarse otros aspectos más, como la falta de recursos, de tiempo o de conocimientos en la actividad inversora. En suma, muchas veces encontramos que las pymes no pueden dedicar los recursos que deberían a esta actividad de administración patrimonial.

Es importante saber que cuando se unen la creación de capital y la administración del patrimonio, y se trabajan como un solo objetivo, se potencian entre sí y consiguen resultados extraordinarios. Por tanto, lo primero que se requiere para administrar y conducir una empresa es un claro pensamiento inversor: creamos capital para invertirlo.

¿Cuánto vale mi empresa hoy?

Nuestro concepto de ganancias, dijimos, deviene fundamentalmente de observar la información histórica económica de nuestro negocio: ventas menos gastos. Sin embargo, sabemos también que necesitamos proyectar el futuro de esas ganancias. Para establecerlo, precisamos hacer un conjunto de estimaciones de los futuros flujos de caja, con no pocas dificultades. Primero, hacemos una proyección de las ventas futuras durante un plazo de tiempo concreto, sobre la base de la información histórica con que contamos. Si bien se utiliza esa base histórica, el ejercicio principal consiste en determinar correctamente las perspectivas del mercado, las ventajas competitivas del negocio y las mejores cualidades del equipo de dirección para establecer planes de crecimiento y desarrollarlos. Con proyecciones del mercado e información más o menos confiable de los vendedores pueden realizarse estimaciones de ventas con cierto grado de certidumbre.

Luego de establecer el nivel de ventas futuras, producto de la demanda y de los precios proyectados, estamos en posición de estimar la estructura de costos que acompañarán a dichas ventas. Esta estimación implica pronosticar variables tan complejas como el tipo de cambio, la inflación y los aumentos salariales, tanto para el costo de ventas como para los gastos de explotación u operativos. Más allá de las dificultades propias de la actividad, es otra tarea necesaria para visualizar hacia dónde queremos ir con el negocio.

Finalmente, cuando conseguimos proyectar las ventas, costos y gastos para cada período anual obtenemos las ganancias netas correspondientes. A continuación debemos deducir de esta ganancia neta las variaciones del capital de trabajo (a mayor venta, mayor capital de trabajo), las variaciones de la deuda y, finalmente, las inversiones proyectadas en activos fijos (P, P & E) que garantizarán el normal funcionamiento del negocio. El excedente generado pasará a ser dinero en manos de los propietarios, la ganancia de los accionistas. Aunque esta estructura se expresa en términos económicos, se considera que cada año las ventas se cobran y los gastos se pagan, con cierto margen de error, dentro del plazo de doce meses. Por tanto, esa futura ganancia de los propietarios suele tomarse como un flujo de fondos anual.

Una vez estimados los flujos de fondos proyectados, necesitamos conocer el valor actual de esos flujos de fondos, para lo cual debemos descontarlos (visto en el Capítulo 2), pero ¿a qué tasa? Suponiendo que hablamos de una empresa sin endeudamiento con terceros, precisamos determinar el costo de oportunidad como propietarios.

Muchas teorías abordan esta cuestión; para resumirlo de una manera comprensible y práctica debemos hacernos la siguiente pregunta: ¿cuál es la mejor opción que estamos dejando de lado por invertir dinero en nuestro propio negocio, asumiendo riesgos similares? En otras palabras, buscar alternativas equivalentes en la bolsa o en bancos, y obtener la tasa mínima que debemos pedirle al negocio en el que vamos a invertir o mantener nuestra inversión. De acuerdo con el riesgo que estemos asumiendo, sumaremos o restaremos puntos de tasa de interés. Por ejemplo, si invertir en acciones de empresas paga una tasa promedio del 6% (en dólares) anual, y considero que mi negocio tiene un riesgo mayor que esas acciones, entonces puedo sumarle el 2% (o lo que desee) para compensarlo. De este modo, usaré una tasa de descuento de 8% anual para descontar mis flujos. La bibliografía financiera nos acerca muchas maneras de estimar el costo de los accionistas, dependiendo del riesgo y de la expectativa de obtener los resultados esperados.

Un inversor buscará empresas en las que estas ganancias crezcan con el tiempo (en términos reales, sin contar la inflación), como consecuencia de un mercado dinámico y de una fortaleza competitiva empresarial perdurable. El crecimiento proyectado de las ganancias es un determinante primordial para decidir la inversión en un negocio, luego de saber que es rentable y sano.

Valor intrínseco: el potencial del negocio

Una vez que logramos proyectar los flujos futuros de nuestro negocio y estimamos una tasa adecuada, podemos conocer el valor de nuestra inversión (empresa) al día de hoy. El valor actual de nuestro activo (empresa) al día de hoy, en función de su capacidad para generar ingresos futuros, es el factor principal para determinar si gano o pierdo con mi inversión. ¿Cuánto capital invertí en mi negocio para comenzarlo?, ¿cuánto vale hoy por su capacidad de generar ingresos futuros?

Si quiero saber cuánto vale mi empresa, no debo mirar el patrimonio contable. Si bien él puede darme una idea de la riqueza obtenida medida de acuerdo con principios de contabilidad generalmente aceptados, no me dice nada con respecto al futuro, y como venimos diciendo, el principal factor financiero es el tiempo; no hay ganancias sin él. Además, el valor de los activos deducidas las deudas es el equivalente a un valor de liquidación (cuando vendo todo), situación que, para una empresa en marcha, no es representativa de la realidad.

Si tengo certeza de que en el futuro, por ejemplo, cada año mi negocio me dejará un resultado de $100 en efectivo, en un escenario sin inflación, estimando un crecimiento del 5% real anual (esto es por encima de la inflación), y suponiendo que el costo de oportunidad de mi capital es de un 8% anual (constante a lo largo del tiempo), entonces puedo tener una idea de cuánto vale mi negocio hoy:

$$\textit{Valor Actual del Activo} = \frac{\text{resultado anual}}{(\text{costo de capital social} - \text{crecimiento})}$$

$$\textit{Valor Actual del Activo} = \frac{\$100}{(8\% - 5\%)}$$

$$\textit{Valor Actual del Activo} = \$3.333$$

Si bien esta fórmula adaptada[2] es una representación demasiado simplista de la realidad y con muchas restricciones (matemáticamente el crecimiento nunca puede ser mayor al costo del capital, por ejemplo), nos da una idea de cómo el tiempo, el flujo de fondos y la tasa de interés (o tasa de descuento) se conjugan para determinar el valor de mi negocio. Cuanto menor sea la tasa de retorno que exigiré como inversor, por las propias condiciones del mercado y mi aversión al riesgo, mayor será el valor de mi empresa.

¿Por qué hablamos del costo de oportunidad del propietario? El propietario inversor puede elegir invertir su dinero en la empresa o en otro proyecto igual o más rentable. En el ejemplo anterior, 8% es la mejor tasa que el propietario puede encontrar en el mercado para invertir su capital con un riesgo similar. Entonces, el costo de oportunidad es la mejor alternativa que está dejando de lado. El empresario inversor tiene en cuenta todas las decisiones que afectan al valor de su negocio. Mejorar las ventas, reducir los gastos, disminuir el capital de trabajo, mejorar la liquidez, potenciar los resultados, sostener la ventaja competitiva, etc. tienen un efecto directo en los flujos futuros, el costo de capital y el crecimiento del negocio. La suma de todos estos factores determinarán el valor intrínseco de la empresa, que puede o no corresponder con el valor de mercado (cuánto estarían dispuestos a pagar los potenciales compradores de mi negocio).

Conocer el valor intrínseco de nuestra pyme nos ayuda a comprender de qué manera todas nuestras decisio-

---

2 *Dividend Discount Model* o Modelo de Descuento de Dividendos (Gordon-Shapiro).

nes repercuten en el valor de nuestro capital. Saber si gano o pierdo sobre ese capital en juego guarda completa relación con mi capacidad para posicionarme como administrador o propietario, y desarrollar una mentalidad inversora que me permita tomar decisiones eficientes en todas las variables que afectarán el valor de mi capital a largo plazo.

BIBLIOGRAFÍA SUGERIDA

Brealey, R., Myers, S., & Allen, F. (2010). *Principios de finanzas corporativas* - Novena edición. México, D.F.: McGraw-Hill.

Buffet, M., & Clark , D. (2007). *Buffetología.* Barcelona: Gestión 2000.

Cardone, G. (2013). *Vendes o vendes: cómo salirte con la tuya en los negocios y en la vida.* México, D. F: Santillana Ediciones Generales, S.A. de C.V.

Chen, S., & Chen, L. (2011). How the pecking-order theory explain capital structure. *Journal of International Management Studies,* vol. 6 (N° 3), pp. 92-100.

Day, J. (2000). Commentary – The value and importance of the small firm to the world economy. *European Journal of Marketing,* vol. 34 (N° 9/10), pp. 1.033-1.037.

Dumrauf, G. L. (2010). *Finanzas Corporativas: un enfoque latinoamericano.* Buenos Aires: Alfaomega Grupo Editor Argentino.

Fisher, P. A. (2009). *Acciones ordinarias y beneficios extraordinarios.* Barcelona: Deusto S.A.

García-Teruel, P. J., & Martinez-Solano, P. (2007). Effects on working capital management on SME profitability. *Esmerald Group Publishing Limited,* vol.3 (N° 2), pp. 164-177.

Goldratt, E., & Cox, J. (2008). *La Meta: un proceso de mejora continua.* Tercera edición revisada. Buenos Aires: Granica.

Gómez, A. T., Guercio, M. B., & Barberá Mariné, M. G. (2007). Estimación de la estructura temporal de los tipos de interés utilizando métodos de regresión borrosa. Aplicación al mercado de bonos públicos de Argentina. *Cuadernos del CIMBAGE* (N° 9), pp. 59-82.

Gorosito, S. M., & Curto, L. (1996). *El Estado del Valor Agregado*. Recuperado el 28 de abril de 2017, de Universidad Nacional de Mar del Plata: http://nulan.mdp.edu.ar/49/1/FACES_n4_153-163.pdf

Graham, J. R., & Harvey, C. R. (2001). The theory and practice of corporate finance: evidence from the field. *Journal of Financial Economics,* vol. 60, pp. 187-243.

Haller, A., & Stolowy, H. (1998). Value added in financial accounting: a comparative study between Germany and France. *Advances in International Accounting,* vol.11, pp. 23-51.

Hangstrom, R. G. (2011). *Warren Buffet.* Barcelona: Grupo Planeta.

Larrinaga, C. (2001). Aspectos sociales y políticos del estado de valor añadido. *Revista de Contabilidad de ASEPUC,* vol. 4 (N° 8), pp. 35-62.

Malgwy, C. A., & Purdy, D. E. (2009). A study of the financial reporting dichotomy of managers' perceived usefulness of the value added statement. *Business and Society Review,* vol. 114 (N° 2), pp. 253-272.

Mandal, N., & Goswami, S. (2008). Value Added Statement (VAS) - A critical analysis. A case study of Bharat Heavy Electricals Limited. *Great Lakes Herald Journal,* vol. 2 (N° 3), pp. 98-120.

Martínez, L. B., Vigier, H. P., Guercio, M. B., Corzo, L. J., & Bariviera, A. (2016). El financiamiento externo de las PyMEs del MERCOSUR. *XXI Reunión Anual de la Red PyMES Mercosur: Del conocimiento a la acción.*

Mathuva, D. (2010). The influence of working capital management components on corporate profitability. *Research Journal of Business Management,* vol. 3 (N° 1), pp. 1-11.

Mongrut, S., & Ramírez, D. (2006). Discount rates in emerging capital markets. *Journal of Financial Economics,* vol. 4 (N° 2), pp. 35-55.

O'Loughlin, J. (2018). *Warren Buffet: cómo invertir para generar riqueza.* Barcelona: Profit Editorial.

Padachi, K. (2006). Trends in working capital management and its impact on firms' performance: an analysis of Mauritian small manufacturing firms. *International Review of Business Research Papers,* vol. 2 (N° 2), pp. 45-58.

Pascale, R. (2009). *Decisiones Financieras.* Buenos Aires: Prentice Hall - Pearson Education.

Porter, M. (2010). *Ventajas Competitivas: técnicas para el análisis de los sectores industriales y de la competencia.* México, D.F.: Grupo Editorial Patria, SA de CV.

Rizzo, M. M. (2007). El capital de trabajo neto y el valor de las empresas. La importancia de la recomposición del capital de trabajo neto en las empresas que atraviesan o han atravesado crisis financieras. *Revista Escuela de Administración de Negocios,* vol. 61, pp. 103-122.

Ross, S., Westerfield, R., & Jordan, B. (2010). *Fudamentos de finanzas corporativas.* México: McGraw-Hill/ Interamericana editores, SA de CV.

Rothwell, R., & Zegveld, W. (1982). *Innovation and the small and medium sized firm.* Obtenido de Pinter Publishers: SSRN: https://ssrn.com/abstract=1496714

Sapag Chain, N., & Sapag Chain, R. (2008). *Preparación y evaluación de proyectos.* Quinta edición. México, D.F.: McGraw-Hill.

Vélez Pareja, I. (2009). *Decisiones de inversión para la valoración financiera de proyectos y empresas.* Buenos Aires: Consejo Profesional de Ciencias Económicas de la Ciudad Autónoma de Buenos Aires.

Yardin, A. (2009). *El análisis marginal. La mejor herramienta para tomar decisiones sobre costos y precios.* Buenos Aires: Ediciones Instituto Argentino de Profesores Universitarios de Costos - IAPUCO.